죽은 철학자의
살아있는 인생수업

世界の哲学者に学ぶ人生の教室
SEKAINO TETSUGAKUSHANI MANABU JINSEINO KYOUSHITSU
Copyright © 2019 by Haruhiko Shiratori, Zizienz
Illustrations by SAKI WAKATA

Original Japanese edition published by Discover 21, Inc., Tokyo, Japan
Korean edition published by arrangement with Discover 21, Inc. through BC Agency.

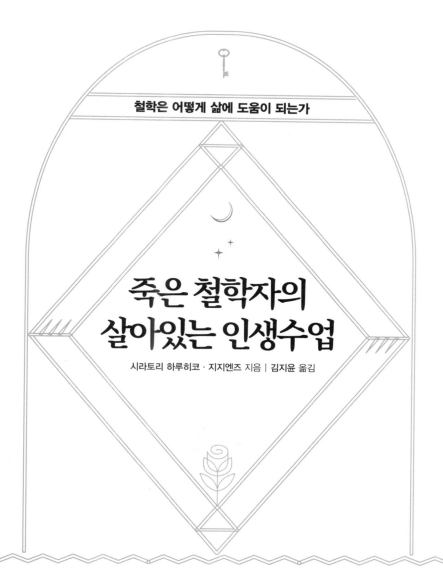

철학은 어떻게 삶에 도움이 되는가

죽은 철학자의
살아있는 인생수업

시라토리 하루히코 · 지지엔즈 지음 | 김지윤 옮김

포레스트북스

추천의 글

━━

정말 유용한 철학책이다. 나 역시 첫 페이지부터 이 책에 정신없이 빠져들었다. 인생이 흔들릴 때 우리는 철학에 끌리곤 한다. '내 삶은 왜 이리 헛헛할까?', '내게도 행복이 찾아올까?', '치열한 경쟁이 나에게 무슨 의미일까?', '불안에서 벗어날 방법은 없을까?' 등등 끝없이 이어지는 절박한 물음에 철학이 답을 주리라 기대하기 때문이다. 저자인 시라토리 하루히코와 지지엔즈는 이 질문들에 답을 찾을 만한 혜안을 안겨준다. 소크라테스에게서 지적 겸손을 배우고, 데이비드 흄에게서 집착을 내려놓는 지혜를 얻으며, 사르트르를 통해 불안에 친숙해지는 법을 익히는 식이다. 밀리언셀러 저자들답게 쉬운 문장으로 깊은 깨달음을 안기는 서술 방식도 인상적이다. 삶의 지혜가 절실한 이들에게 적극적으로 권하고 싶다.

_안광복
중동고 철학 교사, 철학박사, 『처음 읽는 서양 철학사』 저자 우리 삶에 철학이 필요한 이유는 무엇일까? 바로 철학이 중심을 잡아주기 때문이다. 현대인들은 인터넷에 떠도는 정보로 세상을 파악하고, 다른 사람의 의견으로 삶을 판단한다. 다른 사람의 생각을 기준으로 살아가는 사람이 행복할 리 없다. 철학은 우리에게 자기 생각, 자기 기준을 만들어준다. 이 책에는 소크라테스부터 사르트르까지 열두 명의 현자가 등장한다. 두 저자는 어려운 말들로 철학 지식을 설파하려고 하지 않고 철학이 우리 삶에 어떤 도움을 주는지 구체적으로 알려준다. 내용이 구체적이라는 것은 저자들의 내공이 상당하다는 것을 의미한다. 지식을 설명하기는 쉽지만 생활에 적용하는 법을 알려주는 것은 어렵기 때문이다. 한마디로, 『죽은 철학자의 살아있는 인생수업』은 철학자들의 사유를 단순하고 명쾌하게 설파하는 힘이 있는 책이다. 이 책을 통해 삶의 철학, 생활의 철학을 익힌다면 '스스로 가치 기준을 세울 수 있는' 행복한 사람이 늘어날 것이 분명하다.

_안상헌
『미치게 친절한 철학』 저자

"성찰하지 않는 삶은 살 만한 가치가 없다." 소크라테스가 서양 철학의 기초로 놓은 이 말은 여전히 타당한 것처럼 들리지만, 2000여년이 지난 지금 철학은 크게 흔들리고 있다. 철학이 그 자체로 알아듣기 힘든 개념과 난해하기 짝이 없는 이론의 골동품으로 여겨진 지 오래이기 때문이다. 철학은 쉬운 것도 어렵게 만드는 학문이라는 오명이 이를 잘 말해준다. 진지하고 어려운 학문이기는 하지만, 사람들은 여전히 철학을 원한다. 그들에게 '철학 한다는 것'은 수수께끼 같은 삶의 수많은 문제를 진지하게 '생각한다는 것'을 의미한다.

사실 철학은 현실 속의 문제들과 치열하게 대결하면서 태어났다. 세계적인 철학자들이 발전시킨 철학 사상이 아무리 난해해 보일지라도 복잡한 개념의 숲을 헤치고 들어가면 결국 단순한 삶의 문제를 발견하게 된다. 위대한 사상가가 살았던 시대가 지금과 아무리 다르더라도, 그들 역시 '우리와 같은 인간의 몸으로 인생을 살면서 비슷한 체험을 하였기' 때문이다. 그래서 세계적인 철학자들의 위대한 사상은 위대한 인생 철학이기도 하다.

시라토리 하루히코와 지지엔즈의 이 책은 너무도 쉽고 자연스럽게 우리를 철학의 근원으로 안내한다. 어떤 시대에나 있었고 지금 여기에 있을 현실적인 삶의 문제로. '진짜 답은 학문에 있는 것이 아니라 현실에 존재하는 우리가 어떻게 사는가 하는 것'이라는 전제에서 출발한 이 책은 열두 명의 세계적인 철학자에게서 우리 삶을 성찰할 수 있는 시금석을 발견하게 해준다. 이 책의 미덕은 무엇보다 세계적인 철학자들을 다루고 있음에도 어려운 개념을 거의 사용하지 않는다는 점이다. 어려운 사상과 이론 속에 숨겨진 문제들

을 찾아내어 독자가 스스로 생각할 수 있도록 풀어내는 솜씨가 탁
월하다. 많은 사람이 삶을 성찰하지 않는 철학은 의미가 없다고 불
평하지만, 이 책은 인생의 문제를 다루지 않는 철학은 없다고 강변
한다. 어쩌면 어려운 것은 철학이 아니라 스스로 생각하는 일일지
도 모른다. 쉽게 빠져들어 자신의 인생관과 세계관을 곰곰이 되짚
어보게 하는 이 책이 '철학 하기'의 첫걸음이 되기를 기대해본다.

_이진우
철학박사, 『니체의 인생 강의』 저자

철학이 아니면 알 수 없는 것들

"철학이란 진리를 추구하는 학문이다."

예전에는 사람들에게 철학이 무엇인지 물으면 보통 이렇게 대답했습니다. 그리고 이에 대해 아무도 의문을 품거나 이의를 제기하지 않았습니다. 아마 진리라고 불릴 무언가가 어딘가에 틀림없이 존재한다고 믿었기 때문이겠지요. 저 역시 십 대였을 때 이 말을 곧이곧대로 믿었습니다.

이후 많은 철학서를 읽었지만, 어떤 책에서도 진리가 무엇인지 알아낼 수 없었습니다. 하지만 저는 낙담하지 않았습니다. 거기 쓰여 있는 내용이 우리 삶에 도움을 준다는 사실을 알게 되었기 때문입니다.

만약 제가 과거에 어떤 철학서 한 권에서 진리를 발견했다고 확신했더라면 어떻게 되었을까요? 기쁨에 가득 차 즐거운 인생을 살았을까요? 아닙니다. 아마 그 뒤로는 철학에 매료되고 삶의 즐거움을 느낄 일이 없었을 것입니다.

우리는 말 그대로 삶 자체가 수수께끼이기에 살아갈 수 있습니다. 삶의 진리를 깨닫고 인생에 대한 모든 것을 알게 된다면 우리는 살아갈 기력을 잃게 됩니다. 평생 벌 돈을 미리 받는다면 당장 일할 의욕이 사라지는 것처럼 말이지요.

사실 우리가 사는 세계는 물론 우리의 몸과 생명, 삶 전체가 그 자체로 미지입니다. 그런데 철학이 '진리는 이것이다'라고 단정할 뿐 아니라 보장한다면 어떨까요? 우리의 생에 대한 완전무결한 매뉴얼, 아니면 사용 설명서를 제공하는 것이나 마찬가지입니다.

애초에 삶이란 스스로 미지의 세계에 발을 내딛는 일입니다. 매일 똑같은 하루를 보내며 살고 있다고 생각할지 몰라도 우리의 하루는 새로운 미지의 날이며, 그 하루를 어떻게 사느냐에 따라서 남은 인생이 충분히 달라집니다. 이런 사실은 '왜 내가 이곳에 육체를 가지고 존재하는가'를 생각해보면 알 수 있습니다. 인생에 대한 이미 확고하고 객관적인 진리가 있고, 어떻게 해야 가장 좋은 삶을 살 수 있는지 미리 정해져 있다면 지금 우리가 육체와 정신을 가지고 새삼스럽게 존재할 필요가 없을 겁니다.

따라서 우리는 진리의 유무나 소재지에 집착해서는 안 됩니다. 자기 자신이나 타인을 잘 모르겠다고 하더라도 '인간이란 무엇인가?' 하는 오래된 질문에만 매달리는 것은 그다지 의미가 없다는 말입니다. 이 질문의 답변을 찾는 데 도움이 되는 건 그저 자신으로 살아보는 방법뿐입니다. 철학의 질문에 학문이 어떤 식으로 대답하느냐 또한 학문의 범위 내에서 적용되는 것일 뿐, 개별 인간에게는 의미가 없습니다. 진짜 답은 학문 밖의 현실 속에 있지요.

그렇다면 우리는 어떻게 살아야 할까요? 어떻게 세상을 바라보고, 삶의 의미와 가치를 찾아야 할까요? 이런 질문에 대한 답을 찾는 데는 철학서가 매우 유익합니다. 철학서에 담긴 내용은 우리보다 앞선 시대를 산 사람들이 같은 것을 경험하고, 깊이 생각한 끝에 내놓은 결과물이기 때문입니다.

아주 오래전부터 많은 철학자가 우리와 같은 인간의 몸으로 인생을 살면서 비슷한 체험을 하고, 비슷한 고뇌와 고통을 맛봤습니다. 그리고 이 세상의 모든 것에 강한 의문을 품고, 깊은 생각 끝에 자기 나름의 세계관과 인생관에 도달했습니다. 이것이 바로 각각의 철학 사상입니다.

특히 이제 막 사회에 발을 내디딘 젊은이들은 인생을 알기 시작하는 단계에 있습니다. 스스로는 도저히 이해하기 어려운 일이나 세상의 냉정함과 엄격함, 불가사의함, 역경, 고민과 걱정으로 어찌할 바를 모르고 있을 테지요. 그렇기에 저는 당신에게 철학을 조금이라도 배워보라고 권하고 싶습니다. 문제 해결을 위한 돌파구가 되어주고, 용기와 희망을 주는 철학적 사고방식이나 철학자의 견해를 만나게 될 것이기 때문입니다. 철학이 반드시 당신에게 구원의 손길이 되어줄 거라고 믿습니다.

시라토리 하루히코

△ △ △
차례

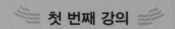

첫 번째 강의

더 나은 삶을 위한
모험을 떠나라

지지엔즈

"내가 아는 것은 내가 아무것도 모른다는 사실뿐이다."

소크라테스(Socrates, B.C. 470?~B.C.399)

고대 그리스의 철학자. 살아생전에 저서를 남기지 않았지만, 그의 사상은 제자
플라톤의 『대화편』에 전하여진다. 오늘날 그는 고대 그리스를 대표하는 최고의
철학자로 불린다.

내가 모르는 것도 있다는 사실을
알아야 한다

소크라테스는 지금으로부터 약 2000년 전 고대 그리스를 무대로 활약한 철학자로, 서양 철학의 기초를 다지는 데 매우 중요한 역할을 한 인물입니다. '서양 철학의 아버지'라는 칭호는 그보다 앞선 시대를 살았던 탈레스Thales에게 돌아갔지만, 실질적인 영향력으로 따진다면 소크라테스야말로 그 칭호에 걸맞은 사람이라 할 수 있습니다. 그는 살아생전에 저서를 남기지 않았지만 제자인 플라톤이 그의 사상을 기록해준 덕분에 세상에 널리 알려졌고, 후세 사람들에게 많은 영향을 주었습니다.

소크라테스의 사상에는 제가 지금까지 배워온 모든 철학 가운데 가장 큰 영향을 받은 인생의 지혜가 담겨 있습니다. 바로 '무지無知의 지知'입니다. 이는 '자신이 무지하다는 사실을 알라'

라는 뜻입니다.

언뜻 쉬워 보일지 모르지만, 이 말에서 어떤 깨달음을 얻기란 절대 쉽지 않습니다. 왜냐하면 지혜는 문자로 손쉽게 전해지는 지식과 달리 우리에게 직접적으로 무언가를 호소하지 않는 데다, 심지어 그다지 의미가 없어 보일 때도 있기 때문입니다. 지식을 인생의 시야를 넓히는 지혜로 바꾸지 못하면 '무지의 지' 역시 그저 멋지게만 들리는 철학 용어에 머물 수밖에 없습니다.

실은 저도 대학에서 이 말을 처음 들었을 때는 특별한 감동을 받지 못했습니다. 그뿐만이 아니라 분명히 지식이 있으면서 일부러 자신이 무지하다고 말하는 듯한 소크라테스의 지나치게 겸손한 태도 때문에 오히려 오만하다는 생각까지 들었습니다. 그런데 어느 순간부터 그의 사상에 감화되기 시작했고, 차츰 그 참뜻을 이해하게 되었습니다. 소크라테스에게서 받은 영향력은 제 안에 고스란히 남아 계속해서 성장하고 인생을 새로운 시야로 보게 하는 자양분이 되고 있습니다.

'무지의 지'란 무엇인가

어느 날 길을 가고 있는데 어떤 사람이 "당신은 자신이 무지하다는 사실을 압니까?"라고 물었다고 해봅시다. 당신은 어떻게 대답하겠습니까? "네! 저는 제가 무지하다는 사실을 압니다"라고 대답할까요? 아마 그렇지 않을 것입니다.

애초에 정말로 자신이 무지하다고 생각하는 사람이 있을까요? 우리는 초등학교만 졸업해도 어느 정도의 지식을 갖게 됩니다. 열심히 공부하지 않더라도, 나름대로 다양한 삶의 지혜를 배우게 되지요. 만약 아무렇지 않게 스스로 무지하다고 답하는 사람이 있다면 상당히 삐뚤어진 사람이거나 거짓말쟁이임이 틀림없습니다.

소크라테스는 무지의 지와 '자기 자신을 아는 것'을 연결했습니다. 즉 자신을 아는 사람은 스스로 무지하다는 사실을 안다고 생각했습니다. 그렇다면 이 말은 곧 '무지에 대한 자각이 없는 사람은 자기 자신에 대해서도 알지 못한다'는 뜻일까요?

한번 상상해봅시다. 만약 우리가 소크라테스에게 "당신은 당신 이름이 뭔지 압니까?"라고 묻는다면, 그가 모른다고 대답하지는 않을 것 같습니다. 따라서 무지의 지를 '아는 것이 하나도 없다'는 뜻으로 해석하는 것은 적절하지 않습니다.

무지의 지를 어떻게 이해하면 좋을까요? 이에 대한 두 가지 해석이 있습니다. 하나는 '어떤 지식도 그것이 반드시 옳다고 단정할 수는 없음을 뜻한다'라는 해석입니다.

플라톤의 『대화편』에는 소크라테스가 사람들에게 질문을 던지는 장면이 자주 등장합니다. 예를 들어 정의에 대해서 논할 때 그는 함께 이야기하는 이들에게 "당신들이 소위 정의라고 일컫는 것이 무엇인가?"라고 묻습니다. 그리고 사람들의 대답을 들은 뒤에는 또다시 질문하기를 반복하면서 그 지식의 근원을 깊이 파헤칩니다.

당신도 잠시 눈을 감고 다양한 지식에 대해 깊이 생각해보세요. 모든 지식의 기초가 될 만한 어떤 불변의 원칙이나 절대 공식을 찾는 일이 얼마나 어려운지 알게 될 겁니다. 또 이 진리가 무엇인지 정의하고 단언하는 일 역시 매우 어렵다는 사실을 통감하게 되겠지요. 이런 사실을 깨닫게 되면 일종의 지혜가 생기고, 어떤 이론에도 집착하지 않는 유연한 사고방식을 가지게 됩니다. 서양 철학을 제대로 배우면 이런 종류의 지혜는 어렵지 않게 얻을 수 있습니다. 서양 철학은 우리로 하여금 깊이 생각하게 하고, 그때그때 생기는 의문점에 끊임없이 질문을 던짐으로써 온갖 지식의 불안정한 기초를 찾아내는 방법을 가르쳐주기 때문입니다.

무지의 지에 관한 다른 해석은 '자신의 무지를 발견하는 일이야말로 진정으로 무지를 자각하는 일이다'입니다. 저는 개인적으로 이 해석이 굉장히 뛰어나다고 생각합니다. 물론 여기서 말하는 무지는 아무것도 모른다는 뜻이 아니라 자신이 모르는 것도 있다는 사실을 자각한다, 즉 어떤 분야에 대해서는 무지하다는 사실을 스스로 깨닫는다는 뜻입니다.

고작 '모르는 것도 있다는 사실을 자각하는 것'이라니 참으로 시시한 이야기라고 생각할지도 모릅니다. 뭐든지 안다고 생각하는 사람이 존재할 리가 없으니까요. 자신도 모르는 것이 있다는 사실은 누구나 자각하고 있을 겁니다. 그렇다면 세상 사람들이 모두 무지의 지라는 지혜를 가졌다고 할 수 있을까요?

그렇지 않습니다. 살다 보면 '이 분야에 대해서는 잘 안다고 생각했는데, 사실은 그렇지 않았다'라는 사실을 깨닫게 될 때가 많습니다. 플라톤의 『대화편』을 읽어보면 당시에 명사名士라고 불리던 사람들이 모여 '정의正義', '선善', '미美' 등의 개념에 대해 논했는데, 그들 가운데 이런 개념에 대해서 자신이 무지하다는 사실을 자각하고 있는 사람은 없었습니다. 그들은 소크라테스의 질문을 받고 나서야 비로소 그 분야에 대해서 자신이 무지하다는 사실을 깨달았지요.

여기서 이해하려고 하는 무지의 지는 어떤 분야에 대해 사실은 무지하면서 스스로는 알지 못하는 경우입니다. 이런 상태야말로 진정 무지의 지가 결여된 상태이지요. 무지의 지라는 지혜는 어떻게 손에 얻을 수 있을까요? 바로 어떤 분야에 대해 자신이 모르는 부분이 있다는 사실을 알아내는 능력을 갖추는 것입니다. 이 힘을 기르면 잘 안다고 생각했지만 사실은 모르고 있었던 상태에서 벗어날 수 있습니다. 이는 삶을 살아가는 데 상당히 뛰어난 지혜가 됩니다.

자기 자신에 대해서 모르고 있다는 증거

얼마 전에 인터넷에서 흥미로운 글을 발견했습니다. 지금까지 수많은 작가와 작업해온 베테랑 편집자가 쓴 글이었는데, '대부분의 작가는 자기 작품에 자신감이 없다. 그런데 표지 디자인에 대해서는 자신만만하다'라는 내용이었습니다.

저 역시 처음 책을 냈을 때 그런 마음이었습니다. 제 전문 분야에 관해 쓴 책이었음에도 '혹시 잘못된 부분이 있으면 어쩌나' 하는 마음에 걱정이 이만저만이 아니었습니다. 그런데 출판사 편집자가 표지 디자인 시안을 보내줬을 때는 왠지 자신감이 솟아서 이것저것 참견하고 싶어졌습니다. 하지만 다행히 저는 그 분야에서 무지의 지를 갖추고 있었기 때문에 디자인에 대해서는 스스로 문외한임을 자각하고 참견하지 않기로 했습니다.

디자인에 관해서는 호불호가 갈리기 마련입니다. 따라서 개인적인 취향을 이야기할 수는 있지만, 그 디자인이 출판 시장에서 힘을 발휘할 수 있을지 어떨지를 판단하는 것은 출판사 내부의 판매 및 광고 담당자의 몫입니다.

저는 제가 고른 시안이 독자들에게 반응이 좋을 것이라는 왠지 모를 자신감은 있었지만, 스스로 출판 시장이나 디자인에 대한 지식이 없다는 사실을 자각하고 있었기에 상관하지 않기로 하고 모든 판단을 출판사에 맡겼습니다. 출판사 관계자가 참고할 수 있도록 개인적인 감상과 취향을 말했을 뿐, 제 취향을 밀어붙이거나 고집하지는 않았던 것이지요.

그런데 여기서 한 가지 생각해볼 문제가 있습니다. 왜 저는 제 전문 분야에는 자신이 없고, 비전문 분야에서 오히려 근거 없는 자신감이 샘솟았던 걸까요?

이 현상을 '깨달음'이라는 관점에서 보면 의문이 쉽게 해소됩니다. 저자는 보통 자신이 집필한 분야에 정통합니다. 그래서 그 분야에 대한 지식을 갖추고 있는 만큼 아직 모르는 부분도 많다는 사실을 알기 때문에 자신감을 가지지 못하는 것입니다. 자기 분야에서 무지의 지가 고도의 경지에 도달한 상태이기도 하지요.

한편, 표지 디자인에 대해서는 어설픈 지식밖에 없습니다. 그래서 '무지의 지가 결여된 상태'인데, 이럴 때 근거 없는 자신감이 생깁니다. 어설픈 지식밖에 없으므로 자신이 알고 있는 것밖에 보이지 않으며 자신이 잘 알고 있다는 착각에 빠지기 쉽습니다. 반대로 디자인에 대해 아는 것이 많은 사람일수록 아직 모르는 것도 많다는 사실을 알기 때문에 자신감을 잃어버리게 됩니다.

이런 현상은 왜 나타날까요? 바로 자신이 모르는 것에 대해 모른다는 사실조차 깨닫지 못하기 때문입니다. 우리가 어떤 분야에 대해서 무지할 경우 이를 자각하는 일은 상당히 어렵습니다. 자신이 무언가를 안다는 사실을 깨닫는 일은 간단하지만, 자신이 모르는 무언가를 깨닫기란 절대 쉽지 않지요.

모른다는 것은 아무것도 보이지 않는 어둠과 같기 때문에 자신의 무지를 인식하는 일은 절대 쉽지 않습니다. 이때 중요한 것은 생각하는 능력, 즉 사고력을 기르는 일입니다. 어둠 속에 있는 것들은 눈으로 직접 볼 수 없으므로 생각하고 궁리해야만 느낄 수 있기 때문입니다.

그런데 이때 스스로 반성하는 힘이 없으면 자신의 무지를 발견할 수 없습니다. 최근 인터넷의 발달과 함께 무지의 지가 결여된 사례를 많이 접하게 됩니다. 스스로 사고력이 부족함을 자각하고 있는 사람은 훌륭한 자성 능력을 갖추고 있습니다. 그러나 반성하는 힘이 부족한 사람은 자신이 뛰어난 사고력을 갖췄다고 착각하기 쉽습니다. 게다가 그런 사람일수록 온라인상에서 확실하지도 않은 자기 의견을 마구 떠들어대는 경향이 있습니다.

스스로 반성하는 힘이 있다면 혹시라도 자신이 잘못된 말을 할까 봐 발언을 자제하게 됩니다. 사고력이 높은 사람 또한 자신이 자각하지 못하는 부분이 있다는 사실을 알기에 더욱 신중해집니다. 그런데 사고력이 부족한 사람은 자신이 틀릴 리가 없다고 생각하기 때문에 대담하게 의견을 내놓고, 때로는 다른 사람을 책망하기도 합니다. 이런 상황이 지속하면 어떻게 될까요? 결국 인터넷에 떠도는 글들은 사고력이 부족한 사람의 의견이 주류가 되고, 개인이나 집단 간의 갈등이 깊어집니다. 이는 현대 사회를 살아가는 사람이라면 한 번쯤은 생각해봐야 하는 중대한 문제입니다.

자신의 무지를 자각하는 일은 상당히 어렵습니다. 그런데 흥미로운 점이 있습니다. 바로 타인을 관찰하면서 그 사람에게 무지의 지가 부족하다는 사실을 알기는 훨씬 쉽다는 것입니다.

일상생활에서 흔히 볼 수 있는 예는 교육에 대한 지식이 부족한 학부모가 스스로 그 사실을 모르는 현상을 들 수 있습니다. 많은 학부모는 자신이 교육에 대해서 잘 안다고 착각하기 때문에 아무런 망설임 없이 어떤 기술이나 관념에 따라 아이를 교육합니다. 그런 학부모는 자신이 교육에 관해 무지하다는 자각이 없을 뿐 아니라, 가지고 있는 관념 자체에도 문제가 있는 경우가 많습니다. 이는 자신의 교육이 아이에게 도움이 된다는 자신감으로 이어지는데, 결국 좋지 못한 결과를 낳습니다. 반면에 학부모가 자신이 교육에 대해 모르는 것이 많다는 사실을 깨닫고, 관련 서적을 읽거나 전문가의 의견을 들으면 아이와의 관계가 좋아지는 것은 물론 올바른 사람으로 성장시킬 기회가 훨씬 많아집니다.

무지의 지 문제는 자기 내면에도 적용됩니다. 대부분의 사람은 스스로 자기 자신을 잘 이해하고 있다고 생각합니다. 하지만 자신의 발언이나 행동, 더 나아가서는 감정적인 반응에 대해 자신이 왜 그런 말을 하고 그런 감정을 느끼는지조차 모르는 경우가 많습니다.

예를 들어 정의에 관해 이야기하는 사람이 있다고 해봅시다. 이런 사람들의 말은 그럴싸해 보이지만, 사실 정의의 동기가 개인적인 이익을 위해서일 때가 많습니다. 더욱이 정의를 일부러 가장하는 사람도 있습니다. 하지만 대부분의 사람은 자기 내면세계를 이해하지 못하기 때문에 그 동기가 자신의 개인적인 이익을 위해서라고는 꿈에도 생각하지 못합니다.

자기 자신에 대해서 모른다는 사실을 자각하지 못하면 새로운 자신을 발견할 기회를 얻을 수 없습니다. 만약 주변의 누군가가 그런 상태에 빠진 것 같다는 생각이 든다면, 그를 자기 자신으로 바꿔 생각해보기 바랍니다. '나는 나를 이해하지 못하고 있다는 사실을 아직 깨닫지 못한 게 아닐까?'라고 말입니다. 실제로 그럴 가능성이 상당히 큽니다. 그리고 이를 깨닫고 그 방면의 무지의 지를 손에 넣어야만 자신을 알 방법이 보이기 시작합니다.

이처럼 일상생활에서 자주 접할 수 있는 일 외에도 무지의 지로 지혜의 차원을 높일 만한 일들이 많습니다. 저는 항상 '내가 아직 모르는 것이 있지 않을까'라고 자문하곤 합니다. 이런 습관을 들이면 인생에서 중대한 결단을 내릴 때 사고의 폭을 넓힐 수 있습니다.

우리는 인생을 살면서 '그때 그렇게 하지 말았어야 했는데……' 하고 후회할 때가 있습니다. 이런 후회를 줄이는 방법 역시 무지의 지입니다. 만약 당신이 지금 자신이 주장하는 것 때문에 다른 사람과 충돌하는 상황이라면, '혹시 시간이 지나면 내 생각이 달라지지 않을까'라고 먼저 생각해보시기 바랍니다.

지혜를 깨닫고 아직 모르는 지식이나 경험을 주의 깊게 살펴본다면 생각은 얼마든지 바뀝니다. '나중에 지식이 늘면 생각도 달라질 텐데 군이 지금 이렇게 고집을 피울 필요가 없지 않을까?' 하고 말입니다. 이런 식으로 아직 갖추지 못한 지식이 있음을 예상하는 일 또한 일종의 무지의 지라고 할 수 있습니다.

그런데 이 사고방식에 따르면 '어차피 생각이 변하기 마련이라면, 굳이 생각을 하지 않고 살아도 괜찮지 않을까?' 하는 의문이 생깁니다. 대답은 물론 '그렇지 않다'입니다. 지금 그 문제에 대해 생각할 가치가 있다면 설령 앞으로 생각이 바뀔 수 있다 하더라도 나중에 후회하지 않기 위해서는 반드시 고민해보아야 합니다.

이런 무지의 지는 우리에게 무슨 일이든 지나친 자신감을 가지는 일은 좋지 않다는 사실을 가르쳐줍니다. '이것은 절대적으로 옳으니 설령 희생이 크더라도 반드시 해야 한다'라거나 '이 비즈니스에는 전 재산을 쏟아부어서라도 반드시 투자해야 한다'라고 생각하는 일은 위험합니다. 무지의 지가 갖춰진 사람이라면 이와 같은 생각을 과도하게 긍정하지 않게 됩니다. 위험 부담이 큰 일을 앞두고 있을 때 전문가의 의견을 구하는 등 상황을 충분히 파악한 뒤에 행동으로 옮기게 되지요.

이런 사고방식을 갖게 되면 자기 자신에 대해서도 제대로 이해할 수 있습니다. 그리고 이는 무지의 지와 자신을 아는 일을 하나로 묶은 소크라테스의 주장과도 맞물립니다.

그뿐만 아니라 무지의 지가 주는 지혜는 사실 우리가 마음에 품고 있는 가장 큰 공포인 죽음에 대한 공포를 줄여주고, 때로는 완전히 없애주기도 합니다.

불교사를 공부하다 보면 깨달음을 얻은 고승은 죽음의 공포를 느끼지 않게 된다는 내용이 나옵니다. 깨달음을 얻는 일은 달리 말하면 어떤 종류의 지식을 손에 넣는 일입니다. 만약 우리도 그 지식을 익힌다면 죽음을 두려워하지 않게 될 겁니다. 하지만 아직은 깨달음을 얻지 못했기 때문에 죽음은 여전히 공포일 수밖에 없고, 죽음을 두려워하지 않는 사람의 마음 또한 이해할 수가 없습니다.

그런데 무지의 지를 통해서 아직 배우지 못한 지식이 있다는 사실을 알게 된다면 어떨까요? 놀랍게도, 어떤 지식을 손에 넣으면 죽음을 두려워하지 않게 된다는 사실을 깨닫게 됩니다. 즉 감정적으로 죽음을 두려워하더라도 이성적으로는 공포를 초월해 죽음이 결코 공포의 대상이 아님을 이해할 수 있다는 말입니다. 다시 말해 우리는 단순히 지식이 부족해서 죽음을 두려워하는 것에 불과하다는 뜻이지요.

'죽음은 공포의 대상이 아니다'라는 지식을 손에 넣는다고 하더라도 공포가 금세 사라지지는 않을 것입니다. 하지만 적어도 그런 공포를 옆으로 밀어두고 아름다운 현재에 눈을 돌려 생명의 반짝임을 마음껏 즐길 수는 있습니다.

만약 당신이 현재 공포와 조바심, 우울이라는 감정의 소용돌이에 휩쓸리고 있거나 심한 고뇌에 빠져 있다면 무지의 지를 기억하세요. 구체적으로는 '어떤 종류의 지식을 갖춘다면, 감정의 속박에서 벗어날 수도 있다'는 사실을 생각하는 겁니다. 그러면 이성적인 해결 방법을 찾을 수 있을 뿐 아니라 고뇌를 가볍게 생각할 만한 설득력 있는 실마리를 찾아 부정적인 감정을 해방할 수도 있습니다. 그리고 그 과정에서 걸맞은 지식을 구하면, 앞으로도 부정적인 감정에 인생을 방해받지 않게 될 겁니다.

지식을 초월하여 사고하는 힘

무지의 지를 획득하기 전 단계에 있는 사람에게 지식의 범위는 '시야'와 같습니다. 이미 알고 있는 세계밖에 보지 못하지요. 하지만 무지의 지를 갖추게 되면 자신이 가진 지식을 초월하는 시야를 가지게 됩니다. 시야의 바깥쪽에는 여전히 어둠이 펼쳐져 있지만, 무지의 지가 미지를 향한 탐구심과 학습 의욕을 살리고 난관을 차례로 뛰어넘게 해주기 때문입니다.

소크라테스의 지혜를 이해했다면 일상생활에서 이를 응용해 무지의 지를 가진 자의 삶을 시작해보시기 바랍니다. 조금 지나면 자신이 예전보다 지혜로워졌다는 사실을 실감할 수 있습니다. 또한 점차 고뇌가 줄어들고, 타인과의 충돌이 줄 뿐만 아니라 인간적으로 고른 성장을 이룰 수 있게 됩니다.

계속해서 새로운 무지의 지를 발견한다면 시야도 계속해서 확대될 것입니다. 다시 말해, 지금까지 손에 넣지 못했던 무지의 지를 발견할 때마다 새로운 지혜가 생겨서 한 단계 성장하게 됩니다. 이는 인생의 기쁨이 하나 늘어나는 일이기도 합니다.

이런 배움이 있는 생활 속에서 조화와 자유가 생깁니다. 저 역시 제가 알지 못하는 수많은 무지의 지가 자신을 발견해주기를 기다리고 있으며, 그 탐구는 영원히 끝나지 않는다고 믿고 있습니다.

당신도 이 책을 통해 소크라테스의 지혜를 전달받아 제가 다룬 무지의 지와는 다른, 자신의 삶에 도움이 될 만한 무지의 지를 얻기를 바랍니다. 당신에게 더욱 소중한 무지의 지가 당신이 발견해주기를 기다리고 있습니다. 이런 사실을 인식하고 시야를 넓힐 수 있다면 이 또한 하나의 무지의 지입니다. 자신이 모르는 무지의 지가 아직 존재한다는 사실을 자각하는 무지의 지인 것이지요.

이렇게 시야를 넓히기 시작하면 우리는 자신만의 무지의 지를 추구하게 되고, 새로운 자기 자신과의 만남을 계속해서 좇게 됩니다. 이는 그야말로 끝없는 여행의 시작입니다.

나의
시야
=
나의
지식

나의
시
야

나의 지식

'무지의 지'의 진화

 두 철학자가 나누는 지적 대담

하루히코가 묻다

학자들은 상식적으로 '학문은 가설일 뿐이다'라는 사실을 알고 있습니다. 그런데 평범한 사람들은 어떤 상황에도 흔들리지 않는 것만을 원합니다. 예를 들어 어떤 사실에 대해서 '이는 반드시 옳다'라고 보는 관점 같은 것 말입니다. 그래서 학자들은 자신의 전문성을 추구함과 동시에 철학의 사고 방식을 폭넓게, 그리고 가능한 한 알기 쉬운 표현으로 가르쳐야 한다는 압박을 받습니다. 그러지 않으면 포퓰리즘 정치나 쾌락주의, 황금만능주의가 만연할 것으로 생각하기도 하지요. 이에 대해 어떻게 생각하십니까?

지지엔즈가 답하다

말씀하신 대로 대학에서 철학을 가르치는 사람은 철학을 세상에 널리 알릴 책임이 있습니다. 하지만 그 일에는 항상 어려움이 따릅니다. 무지의 지를 어느 정도 갖추고 있는 사람은 스스로 철학을 배우려 하지만, 무지의 지가 결여된 사람일수록 배우려 하지 않기 때문입니다. 그러다 보니 정작 철학을 배워야 할 사람은 배우려 하지 않고, 배우지 않아도 될 사람은 배우려 하는 이상한 현상이 나타납니다. 이를 해결하기 위해서는 초등학교나 중학교 때부터 무지의 지를 길러야 합니다. 대학생이나 사회인처럼 무언가를 자유롭게 배울 수 있는 입장이 된 다음에 가르치려고 하면 쉽지 않기 때문입니다. 물론 인생에서 늦은 때란 없으므로 자신이 배우고자 하는 마음만 있다면 나이와 상관없이 언제든 삶을 변화시킬 수 있습니다.

"반성하지 않는 삶은 살 가치가 없다."

_소크라테스

"자신을 이기는 것이 가장 위대한 승리다."
플라톤(Platon, B.C.428?~B.C.347?)

고대 그리스의 철학자. 소크라테스의 제자이자 아리스토텔레스의 스승이다.
플라톤의 사상은 서양 철학의 원류로 불린다.

욕망을 버리고
존엄하게 살아가는 법

소크라테스의 제자인 플라톤은 고대 그리스의 저명한 철학자입니다. 그는 『대화편』을 통해 소크라테스의 대화를 기록했고, 소크라테스의 말을 빌려 자신의 철학적 사상을 표현했습니다.

『대화편』은 말 그대로 소크라테스의 철학 사상을 대화 형식으로 모아놓은 전집이라고 할 수 있습니다. 온갖 사실과 현상을 망라하고 있으며, 다양한 철학적 문제를 다루고 있습니다. 여기서 다룬 많은 철학적 논의는 후세에 엄청난 영향을 주었습니다.

『대화편』이 나온 지 2000년 이상의 시간이 흐른 뒤 20세기에 활동한 저명한 철학자 앨프리드 노스 화이트헤드Alfred North Whitehead는 "모든 서양 철학은 플라톤에 대한 각주에 불과하다"라고 말하기도 했습니다.

물론 모든 철학자가 그렇게 생각한 것은 아니겠지만, 이 정도로 극찬을 받는 것을 보면 플라톤 철학에는 가치 있는 보물이 숨겨져 있는 듯합니다. 지금부터 그 보물이 무엇인지 낱낱이 파헤쳐보겠습니다.

감정에 좌우되지 않는 객관적인 사고력을 기르는 법

플라톤 철학의 가장 큰 특징 중 하나는 '이성'을 최고의 위치에 두었다는 것입니다. 그는 우리가 욕망을 이겨내고 이성을 삶의 길잡이로 삼아야 행복한 인생을 누릴 수 있다고 주장했습니다.

또한 그는 국가를 이끌어나가는 데 대해서도 이성이 가장 핵심적인 원동력이어야 한다고 말했습니다. 즉 통치자는 이성을 바탕에 두고 제도나 법률을 구성해야 하며, 그렇게 해야만 이기주의나 탐욕이 가져오는 사회문제를 억제할 수 있다고 설명했습니다. 나아가 이상적인 국가를 만들기 위해서는 장기간 훈련을 받고 완벽하게 이성적인 사고를 할 수 있는, 철학자 같은 황제가 통치해야 한다고 말했습니다.

우리가 인생을 살면서 어떤 판단을 내릴 때 사용하는 사고를 감정과 이성으로 분류한다면, 플라톤의 사상은 어떤 경우에도 이성을 더 중요시했습니다. 그는 우리가 이성으로 감정을 컨트롤하는 방법을 배워야 한다고 주장했습니다. 이것이 바로 플라톤 사상이 '이성주의'라고 불리는 이유입니다.

플라톤 이후의 철학사를 보면 뒤에서 다룰 르네 데카르트_{René}
_{Descartes}라는 철학자가 이성을 선천적인 지식의 근원으로 여겼습
니다. 이마누엘 칸트_{Immanuel Kant} 또한 이성은 사람이 행동할 때
의 가장 기본적인 법칙이며, 옳고 그름을 판단하는 기준이 된다
고 생각했습니다. 그리고 현대 철학자 존 롤스_{John Rawls}는 이성
이 '정의란 무엇인가'를 우리에게 확실하게 말해준다고 생각했
습니다. 이처럼 플라톤 이후로 이성을 강조하는 전통이 계속해
서 이어지며 인류의 발전에 영향을 주고 있습니다.

그렇다면 이성이란 도대체 무엇일까요? 쉽게 말하자면 논리
를 객관적으로 사고하는 본능이라고 할 수 있습니다. 이 본능을
다루는 힘을 기르면 개인적인 감정의 속박에서 벗어나고, 어떤
문제에 직면했을 때 감정에 좌우되지 않고 올바른 답을 끌어내
는 데 도움이 됩니다. 또한 인간관계의 문제를 해결할 때도 개
인적인 감정을 개입시키지 않기 때문에 사심 없는 사고를 할 수
있습니다.

아무도 없는 깊은 산속을 걷다가 바닥에 떨어진 지갑을 발견
했다고 해봅시다. 많은 사람이 '누가 볼 염려도 없는데, 일단 슬
쩍할까?' 하는 욕망에 사로잡힐 겁니다.

그런데 이때 이성이 등장해 그런 짓을 하면 안 된다고 말합
니다. 이유는 사람마다 다릅니다. 단순히 도덕에 반하는 행동이
기 때문일 수도 있고, 지갑을 잃어버린 사람이 불쌍해서일 수도
있고, 남의 물건을 훔쳐서 부당한 이익을 취하는 일은 인간적인

더 나은 삶을 위한 모험을 떠나라

성장을 방해한다고 생각하기 때문일 수도 있습니다. 이유야 어찌 되었든, 이처럼 이성적으로 사고하면 욕망을 거스르는 답을 끌어낼 수 있습니다.

이처럼 우리는 이성의 활동에 익숙해져 있습니다. 그래서 때로는 귀찮다고 느낄 때도 있지요. 그런데 한번 생각해보세요. 인간이 '이성'이라는 것을 가지고 있는 일 자체가 신기하지 않나요?

우리는 어쩌다 이성을 갖게 되었을까요? 도덕 교육 덕분이라고 말하는 사람도 있지만, 제 생각에 그 견해는 옳지 않습니다. 이성의 많은 부분은 선천적이라고 할 수 있습니다. 이성 안에 있는 논리적인 직관만 살펴도 이런 사실을 알 수 있지요.

인간의 욕망은 보통 이기심으로 이어집니다. 하지만 생각해보세요. 이기적인 행동을 할 때, 마음속에서 그 행동이 옳지 못하다고 말하는 목소리가 들려오지 않나요? 현대 심리학에서도 갓난아기 역시 교육을 받기 전부터 정의의 개념을 어느 정도 가지고 있다는 사실을 밝혀냈습니다.

이성에 따르지 않고 무시하더라도 이성의 목소리는 사라지지 않습니다. 이기심을 초월해서 사고하는 본능이 이미 마음속에 존재하고 있기 때문입니다. 그렇다면 왜 인간의 마음은 그런 기적적인 본능을 갖추고 있는 것일까요? 이성이란 과연 어떤 존재일까요?

다른 각도에서 보면 이성은 더욱 불가사의한 존재입니다. 마치 자아에 눈을 뜨듯, 이성은 갑자기 의식 안으로 떠올라서 우리와 대화를 시도하곤 합니다. 잘 생각해보면, 누구나 그런 대화를 경험한 적이 있을 겁니다. 특히 도리에 어긋난 행동을 하려고 하면 '그런 짓을 해서는 안 된다'라는 마음의 목소리가 들려옵니다. 그 감각이 싫어서 신경 쓰지 않으려고 하다 보면, 점점 이성을 무시하는 일에 익숙해지고 마음속 목소리를 의식 안의 깊숙한 곳으로 감출 수 있게 됩니다.

한편, 이성이 말하는 목소리의 속박 때문에 항상 갈등하는 사람도 있습니다. 물론 이성의 목소리에 항복하고 깨끗하게 복종하는 사람도 있을 겁니다

이성의 목소리는 주로 먹기, 게으름 부리기 등 우리가 본능적으로 좋아하는 일에 빠져 있을 때 들려오곤 합니다. 마음속에서 '그만해야 한다'라는 목소리가 울려퍼지지요. 이 외에도 잘 관찰해보면 일상생활에서 현재 상태를 바꾸라는 목소리가 자주 들립니다. 이때 그 목소리를 받아들이고 생활의 대부분을 이성에 따라 행동하면, 이성이 주도하는 삶을 살게 됩니다.

플라톤은 이야말로 가장 이상적인 인생의 형태라고 생각했습니다. 그런 형태가 최상인지 아닌지에 대한 논의는 아직 남아있지만, 이성적인 사고력의 이점은 우리의 상상을 훨씬 뛰어넘습니다.

우리가 무언가에 몰두하고 있을 때는 행동과 이성이 일치한 상태로, 충실감과 기쁨을 모두 얻을 수 있습니다. 반면에 공허

하고 마음이 방황할 때는 이성의 목소리를 무시하기 십상입니다. 조용한 마음으로 곰곰이 생각하면 지금 무엇을 해야 하는지가 분명하게 드러나는데, 이성이 우리에게 요구하는 내용은 항상 본능적으로 피하고 싶은 것뿐이기 때문에 무의식중에 귀를 막게 되지요.

이처럼 일상생활에서는 항상 이성에 반하는 힘이 작용합니다. 플라톤은 이를 '욕망'이라고 칭했습니다. 욕망이란 특히 생리적인 향락과 밀접하게 관련되어 있습니다. 예를 들어 '먹기·마시기·놀기·즐기기'는 모두 욕망에 속합니다. 당신에게도 맛있어 보이는 것을 보면 먹고 싶고, 어려운 일을 만나면 귀찮은 마음에 우선 도망치고 싶었던 경험이 분명 있을 겁니다.

욕망은 직접적인 감정에 영향을 받을 뿐 아니라 간접적으로 감정에 영향을 주기도 합니다. 돈을 탐하는 일이나 권력에 대한 동경 모두 욕망에서 비롯된 감정이지요. 이는 우리 인생에 많은 영향을 줍니다.

물론 욕망과 이성이 항상 충돌하는 것은 아닙니다. 뷔페에 갔을 때를 예로 들어보겠습니다. 처음 식당에 도착하면, 우리는 이성적으로 욕망을 채웁니다. 이때는 이성과 욕망이 충돌하지 않습니다. 하지만 먹다 보면 포만감을 느끼게 됩니다. 이성이 '그만 먹어야 한다'라고 호소하지만, 욕심 많은 입은 욕망을 채우기 위해 계속해서 먹습니다. 그러면 마음속에서 충돌이 시작됩니다.

또 하나의 예를 들어보겠습니다. 회사원인 당신에게 거래처를 선정할 권리가 주어졌다고 해봅시다. 만약 여러 거래처 가운데 친한 친구가 있거나 전에 선물을 받았던 곳이 있다면 설령 이상적인 거래처가 아니라고 하더라도 개인적인 감정이 섞인 선택을 하게 됩니다.

욕망을 버리고 이성이라는 객관적이고 논리적인 사고 능력을 발휘하면 최적의 방법을 알 수 있지만, 이때 필연적으로 이성과 욕망의 싸움이 시작됩니다. 사실 지금도 우리 마음속에서는 이성과 욕망이 싸우고 있습니다. 이 싸움은 도대체 어떻게 진행될까요?

일상에서 맞닥뜨리는 다양한 선택의 순간을 돌아보면 욕망의 엄청난 영향력을 실감할 수 있습니다. 특히 술이나 담배 등 무언가를 끊지 못한 경험이 있는 사람은 욕망의 힘을 당해낼 재간이 없다는 사실을 잘 알 것입니다. 머리로는 그만두어야 한다는 사실을 알고 있어도 자기도 모르는 사이에 빠져들게 되니까요.

플라톤 역시 "욕망은 인생에서 가장 힘이 세다"라고 말하면서 우리 인간은 많은 경우에 욕망에 지배당하고, 욕망에 따르는 생활을 하고 있다는 사실을 인정했습니다. 그는 이성이 반대 방향으로 가야 한다고 호소해도 욕망은 그대로 전진하기 때문에 대부분 사람은 욕망의 심연에 빠져들 수밖에 없고, 결국 빠져나올 수 없게 된다고 생각했습니다.

그렇지만 만약 당신이 이성의 요구에 응답할 수 없다는 사실을 알게 된다고 하더라도 비관할 필요는 없습니다. 위대한 철학자 플라톤조차 같은 괴로움을 경험했으니까요. 만약 욕망을 뿌리치고 이성에 따른 경험이 있다면 이는 매우 기뻐할 만한 일입니다.

이런 관점에서 보면 사실 인간은 이성적인 동물이 아니라 감정이 향하는 대로 사는 욕망의 동물입니다. 따라서 우리는 이성의 힘을 열심히 연마하지 않으면 욕망에 맞설 수 없습니다. 그리고 이성을 단련하는 일 자체가 욕망에 대항하는 행위 중 하나이기 때문에 그 과정은 당연히 고난이 가득하고 실패할 확률도 상당히 높습니다.

하지만 인생이 꼭 나쁘게 돌아간다는 법은 없습니다. 이성이 주도하는 인생을 누릴 기회는 아직도 많이 남아 있습니다. 왜냐하면 사람의 마음속에는 욕망과 이성이라는 힘 외에도 또 다른 강력한 힘이 존재하기 때문입니다.

욕망의 무게로부터 자유로워지려면

플라톤은 사람의 영혼을 세 가지 성질로 나눌 수 있다고 주장했습니다. 바로 이성과 욕망, 그리고 이성과 욕망 중 어느 한쪽을 골라 결합하는 강력한 힘인 '기개'입니다.

플라톤이 말하는 '영혼'은 사실 사람의 정신을 말합니다. 그는 사람의 정신은 '이데아'라고 불리는 완전한 진실의 세계에서

왔다가 생명이 다하면 다시 이데아 세계로 돌아가기 때문에 정신은 영혼을 뜻한다고 생각했지요.

과학을 중시하는 현대 사회에서는 정신이 인체를 떠나서 독립적으로 존재할 수 있다고 믿는 사람이 많지 않습니다. 솔직히 저는 이 과학적 견해에 큰 의문을 가지고 있습니다. 정신의 존재 가능성을 지지할 만한 여러 이유가 있다고 생각하기 때문입니다. 물론 이 견해는 많은 논쟁을 불러일으킬 겁니다. 하지만 정신의 존재를 부정하는 사람이 있어도 상관없습니다. 그냥 플라톤이 말하는 영혼을 정신이라고 해석하기만 해도 되니까요.

그렇다면 기개란 정확히 무엇을 뜻할까요? 사람은 욕망에 조정당하고 싶지 않다고 생각할 때 열심히 자신을 바꾸려고 합니다. 이런 노력에도 불구하고 일이 잘 풀리지 않으면 분노가 솟아나기도 하지요. 그런데 이 분노가 다시 한번 이성과 결합하면 엄청나게 강력한 힘이 발생합니다. 그리고 그 힘으로 자신을 조정하던 욕망을 날려버리고, 이성이 주도하는 인생으로 전환하려고 애씁니다. 그 힘이야말로 플라톤이 생각하는 '기개의 영혼'입니다.

분노, 의지, 용기는 모두 기개의 영혼에 속하며 우리를 움직이는 원동력이 됩니다. 중요한 것은 그 힘이 보통 단독으로는 존재하지 않고, 이성과 욕망 중 어느 하나를 선택해서 결합한다는 점입니다. 예를 들어 현재 정신이 계속해서 욕망에 조종당하거나 공포감을 극복하지 못하고 실패만 거듭하고 있다고 해봅시다. 만약 이 상황에서 이성과 기개가 결합하면 어떻게 될까요? 분노와 용기의 힘으로 단숨에 문제가 해결되고 이성이 주도하는 인생을 살 수 있습니다.

하지만 문제는 기개가 항상 이성하고만 결합하지 않는다는 것입니다. 일상 속 상황을 예로 들어봅시다. 우리는 타인이 우리에게 잘못된 점을 충고하거나 조언하면 화가 나고 귀찮다고 생각하면서도 이성으로는 상대방이 하는 말이 옳다는 사실을 압니다. 하지만 기개가 욕망에 치우쳐 있으면 남의 충고에 귀 기울이지 않고 멋대로 행동하기를 멈추지 않습니다. 그런 상태에서는 아무리 타일러도 역효과만 일으킬 뿐입니다. 그러므로 제대로 설교할 줄 모르는 사람은 무리하게 타인에게 설교하려고 하지 말아야 합니다. 점점 사태를 악화할 뿐이니까요. 여기서 중요한 것은 자신이 설교를 못 하는 사람이라는 사실을 자각하는 일입니다. 즉 앞서 배웠던 '무지의 지'를 갖추면 되는데, 이는 결코 쉬운 일이 아니지요.

그 외에도 우리는 타인을 질투하거나 타인을 오해해서 화를 내기도 합니다. 이는 대개 기개의 영혼이 욕망의 영혼과 결합한 상태로, 이 상태가 지속되면 정신이 나빠져 행복한 인생에서 멀어지게 됩니다.

이런 부정적인 상황을 방지하려면 어떻게 해야 할까요? 보통은 기개의 영혼에 속하는 의지를 길러서 욕망이 끼치는 영향력을 극복해야 한다고 생각하기 쉬운데, 사실은 그렇지 않습니다.

욕망에 대항하기 위해서는 명석하고 비뚤어지지 않은 이성적인 사고 능력을 길러야 합니다. 더 나아가서 이성이 기개를 조정할 수 있도록 힘을 키워야 합니다. 이 일이 가능해지면 욕망의 영혼은 인생에 대한 제어권을 잃게 되고, 우리는 자유로운 삶을 누릴 수 있습니다.

이성적인 사고가 욕망에 휘둘리지 않고 독립성을 유지한다면, 아침에 알람이 울릴 때 아무리 졸려도 '일어나야만 한다'는 이성적인 사고를 계속 유지할 수 있습니다. 사실 이런 이성적인 사고력은 상당히 빈약해서 자고 싶다는 욕망에 저항하기가 어렵지만, 그래도 욕망에 지지 않겠다는 생각이 있다면 기개가 계속해서 저항할 것입니다. 그렇게 대항하면서 기개가 되살아나면 욕망을 이겨낼 수 있고, 나아가서는 이성을 컨트롤하는 일에 성공할 수 있습니다.

이성의 힘을 기르는 일은 사실 그다지 어렵지 않습니다. 논리를 객관적으로 구축하는 훈련을 하는 것 외에 가장 중요한 일은 우선 이성을 따르지 않았을 때 생기는 마음의 벽, 즉 죄책감을 제거하는 일입니다.

이성의 목소리를 무시하면 죄책감이 생깁니다. 특히 도덕 관념이 강한 사람일수록 마음의 벽이 높고 큽니다. 우리는 욕망을 이기지 못했을 때 그 죄책감을 억누르기 위해서 사고를 왜곡해 자유로워지려고 합니다.

하지만 이는 아무런 도움도 되지 않습니다. 그런 자유는 표면적일 뿐, 마음속 깊은 곳에 있는 불안을 없애주지는 못하기 때문입니다. 눈을 감으면 아직 불안이 존재한다는 사실을 알게 됩니다. 따라서 이성의 독립성을 단련하려면 어떤 일에서도 변명거리를 찾지 않는 습관을 길러야 합니다. 다시 말해, 때로는 욕망에 몸을 맡기고 즐기고 싶어 하는 자기 자신을 받아들이는 것도 필요하지요.

감정에 좌우되지 않고 이성적으로 사고하는 힘이 갖춰지면 재미있는 현상을 겪게 됩니다. 이성적인 사고가 욕망에 지배당하던 사고에서 완전히 떨어져 나와 뇌 안에서 각자 다른 사고 회로를 형성하게 됩니다. 게다가 이 둘은 어느 정도까지는 모순된 상태로 공존할 수도 있습니다. 그 공존 기간에 영혼이 습관적으로 이성과 결합하면, 우리는 이성 주도적인 인생을 보낼 수 있습니다.

이성이 주도해야만 좋은 인생을 손에 넣을 수 있다는 관념은 플라톤의 '영혼 삼분설三分說'에서 나온 인생의 지혜입니다. 이런 지혜는 일상생활에 매우 도움이 됩니다. 아무리 혼란스러운 상황에 놓이더라도 냉정한 사고를 유지할 수 있기 때문입니다.

삶을 살아가다 보면, 누구나 예기치 못하는 상황을 겪게 됩니다. 인간관계에서 매우 화가 나는 일이 생겨서 '상대방에게 앙갚음을 하고 싶다' 혹은 '어떻게든 무릎을 꿇리고 싶다'라는 생각이 들 수도 있습니다. 돈이나 연애 문제에서 큰 유혹에 빠져 마음이 흔들릴 때도 잘못된 판단을 내릴 수 있지요. 이런 위험한 선택을 하려고 할 때 냉정한 사고가 활동하면 일시적인 혼란에서 벗어날 기회를 얻을 수 있습니다. 그러면 보다 좋은 방향을 찾고 위험을 피할 수 있지요.

이 지혜는 특히 부정적인 감정에 얽매여 있는 사람에게 유익합니다. 우울·초조·공포에 휩쓸릴 때 그 감정이 아무리 맹위를 떨치고 있고 이성의 힘이 약하더라도 냉정한 사고를 유지할 수 있다면, 욕망의 영혼이 만들어내는 비뚤어진 관념에 마음이 점령당할 일이 없습니다.

이성은 마음속 깊은 어둠에 나타난 한 점의 작은 빛과 같습니다. 그 한 점의 빛만 있으면 사람은 자연스레 그곳을 향해 걷게 되고, 이윽고 빛이 그 사람을 비추게 됩니다. 그러면 그때까지 느끼던 우울·초조·공포는 사실 자신이 생각하던 것과 다르고, 과도하게 확대되고 비뚤어진 사고였다는 것을 깨닫게 됩니다. 그러고 나면 마음 안에 있던 안개가 걷히고, 혼란스럽던 감정은 평정을 되찾게 됩니다.

기억하세요. 감정에 좌우되지 않는 이성의 영혼을 유지하면 정신을 어둠에서 멀리 떨어진 곳으로 이끌 수 있습니다.

욕망과 이성의 균형을 유지하려면

이성이 주도하는 인생은 왠지 로봇처럼 생활해야 할 것 같아서 재미가 없다고 생각하는 사람도 있을 겁니다. 하지만 실제로는 그렇지 않습니다. 이성적인 인생에도 즐거움이 있습니다.

어려운 임무를 완수해냈을 때의 성취감이나 욕망의 유혹을 이겨냈을 때의 뿌듯함, 독서로 지식을 얻을 때의 기쁨, 그리고 어려운 수학 문제를 풀어냈을 때의 희열 등을 느껴본 적이 있나요? 아마 모든 사람이 한 번쯤은 경험해봤을 겁니다. 실제로 운좋게도 이렇게 평온하고 안정감 있는 상태로 인생을 보내는 이들도 적지 않습니다.

문제는 이성이 지나치게 강하면 욕망에 따를 때 느끼는 즐거움을 억제하게 된다는 것입니다. 따라서 플라톤 철학은 욕망을 전면적으로 부정한 금욕주의로 흐르기 쉽습니다. 이런 인생은 위험이 적고 올바른 길로 갈 가능성이 크지만, 많은 사람의 눈에는 무미건조하게 비칩니다. 그렇기 때문에 단순하고 이성적인 인생은 더욱 풍부한 인생을 바라는 사람들의 기대에 부응하기 어렵습니다.

이를 깨달은 19세기 철학자 프리드리히 빌헬름 니체Friedrich Wilhelm Nietzsche는 이성으로 욕망을 견제하는 방법에 반대 의견을 내고, 비교적 균형 잡힌 제안을 했습니다. 니체는 욕망을 지나치게 방임하면 인생에 혼란을 가져오지만, 적절하게 방임하면서 잘 컨트롤하면 다양한 인생을 향유할 수 있다고 말했습니다. 진정으로 아름다운 인생이 되려면 이성적인 훌륭함뿐 아니라 감정적인 욕망에 취한 아름다움도 섞여야 한다고 생각한 것이죠.

확실히 이성이 주도하는 인생을 살기만 하면 아무런 걱정도 없습니다. 오히려 니체의 말처럼 욕망을 방임한 상태에서 정도를 넘지 않고, 적절하게 컨트롤하면서 욕망을 향유하는 일이 더 어렵게 느껴지기도 합니다. 그런 삶은 계속해서 평균대 위를 걷는 것과 같은데, 그 균형을 유지하기가 쉽지 않을 테니까요. 물론 정말로 이성과 욕망을 적절히 컨트롤하며 살 수만 있다면 미학에 더욱 부합하는 인생의 형태가 될 것입니다. 그런데 실제로 그렇게 할 수 있는 사람이 있을까요? 역사를 들여다보아도 그렇게 산 사람은 손에 꼽을 정도밖에 되지 않습니다.

어쩌면 진정 인생을 즐기며 사는 사람은 역사에 등장하지 않는 이름 없는 거리의 은자이며, 누구의 방해도 받지 않고 홀로 조용히 아름다운 삶을 향유하고 있을지도 모릅니다.

기개와 이성을 결합해 욕망에 대항하라

두 철학자가 나누는 지적 대담

하루히코가 묻다

이성과 기개에 대한 해석이 인상 깊네요. 이성은 상황을 분석해서 판단하는 지휘관, 기개는 이성을 위해 일하는 연료 보급 담당자 혹은 물자 보급 담당자라고 생각해도 될까요?

지지엔즈가 답하다

상당히 재미있는 비유인 것 같습니다. 다만 기개가 이성을 위한 연료라고 생각하는 것은 정확도가 조금 부족합니다. 그보다는 이성을 자동차, 기개를 기어에 비유하면 보다 정확해지고 이해하기도 쉬울 것 같습니다.

이성이라고 하는 자동차는 평소에 4단으로만 주행할 수 있다고 가정하겠습니다. 별다른 일이 없는 상태라면 순조롭게 주행할 수 있지만, 욕망이라는 만만치 않은 오르막을 만났을 때는 이성만으로는 올라갈 수가 없습니다. 그럴 때 기개가 나와서 힘을 합칩니다. 기어를 가장 강한 1단으로 변경하면 욕망이 만들어내는 장벽을 극복할 수 있습니다.

그런데 기개는 이성하고만 친구 관계를 맺는 것이 아닙니다. 때로는 욕망과 손을 잡고 우리를 곤경에 빠트리기도 하지요. 만약 기개가 자동차 기어를 후진으로 넣는다면, 자동차가 언덕 아래로 굴러떨어지듯이 우리 인생도 심연으로 추락하고 말 겁니다.

"행복은 밖에서 구하려 하거나 운에 의지해서 얻으려 하면 안 된다."

아리스토텔레스(Aristoteles, B.C.384~B.C.322)

고대 그리스의 철학자. 플라톤의 제자이며, 어린 알렉산더 대왕을 가르치기도
했다. 생물학, 윤리학, 정치학, 논리학 등 여러 분야에 걸친 그의 연구는 후세에
큰 영향을 주었다.

움직이는 것을
행복으로 삼지 마라

아리스토텔레스는 플라톤의 제자로, 서양 철학 역사상 가장 많은 저작을 남긴 박학다식한 인물입니다. 학술 공헌도 면에서도 타의 추종을 불허하지요.

아리스토텔레스에게는 어떤 삶의 지혜를 얻을 수 있을까요? 바로 행복을 찾는 방법입니다. 그는 행복한 인생에 관해 다음과 같이 정의했습니다.

"행복한 인생은 밖에서 구하거나 운에 의지해서 얻으려 하면 안 된다. 자기 스스로 찾아야 한다."

상당히 멋진 말입니다. 하지만 솔직히 말하면 대학에서 그의 이론을 막 배우기 시작하던 당시의 저에게는 이 말이 그저 공허한 격려 혹은 위선자가 떠드는 입바른 소리로만 들렸습니다. 전혀 현실성이 없는 이야기라고 생각했기 때문입니다.

게다가 당시 사회는 누가 보아도 그의 학설과 역행하고 있었습니다. 사람들은 어떻게든 외적 조건을 손에 넣으려고 아등바등했고, 그 조건을 충족하면 행복해질 거라고 믿었습니다. 저역시 경쟁에 뛰어들어 열심히 하지 않으면 손해를 볼 것이라고 생각했습니다.

실제로는 어떨까요? 아리스토텔레스의 말이 틀렸을까요? 아니면 사회가 잘못된 행복 찾기를 하다가 길을 잃어버리고 만 것일까요?

무엇을 가져야 행복해질 수 있을까

아리스토텔레스는 "행복을 밖에서 구해서는 안 된다"라고 말했지만, 우리는 원하던 것을 손에 넣었을 때 분명히 행복을 느낍니다. 그런데 자신을 행복하게 해주는 것을 계속해서 추구하면 정말로 행복한 삶을 살 수 있게 될까요?

이는 상당히 중요한 문제입니다. 만약 우리가 행복의 요소라고 생각하는 것이 사실은 그저 환상에 지나지 않는다면, 이를 필사적으로 추구하는 일은 시간 낭비일 뿐이니까요. 또한 정작 가장 중요한 행복을 손에 넣지 못하는 최악의 사태를 불러올 수도 있습니다. 이 문제를 해결하기에 앞서, 우선 일상생활에서 평범한 사람들이 행복을 느끼는 요소를 차분히 생각해봅시다.

현대인이 "행복하세요"라는 말을 가장 많이 할 때는 아마 결혼식에 갔을 때일 것입니다. 이는 많은 사람이 결혼이란 행복해지기 위해서 하는 것이며, 가장 손쉽게 행복을 획득하는 방법이라고 생각한다는 증거이기도 합니다. 결혼하지 않은 사람은 행복을 얻지 못했다며 동정을 받기도 하지요. 이런 생각이 사회전반에 만연해 있지만, 이는 잘못된 고정관념일 뿐입니다.

주변 사람들의 일상생활을 관찰해보시기 바랍니다. 결혼하고 행복해진 사람도 분명히 있지만, 후회하는 사람도 상당수에 이르며 이혼율도 점점 높아지고 있습니다. 반대로 행복한 독신도 많습니다. 그뿐만 아니라 기혼자와 미혼자의 행복도를 비교한 연구에서 양쪽에 확연한 차이는 없다는 결과가 나오기도 했습니다.

다시 말해 '결혼' 자체가 행복을 가져다주는 것은 아닙니다. 따라서 결혼하지 못한 사람, 혹은 결혼을 원치 않는 사람이 무언가를 잃었다고 생각할 필요는 없습니다. 물론 결혼이 반드시 불행을 가져온다는 연구 결과가 나온 것도 아니기 때문에 기혼자, 그리고 결혼을 희망하는 사람도 걱정할 필요가 없지요. 결혼을 하는 것과 독신으로 사는 것 모두 반드시 불행을 가져오지는 않지만, 우리가 '결혼해야 행복해진다'라고 착각하는 순간, 그 생각이 불행을 가져올 수 있습니다.

행복을 손에 넣는 포인트는 결혼도, 결혼 상대를 고르는 일도 아닌 결혼한 두 사람이 어떤 관계를 구축하느냐에 달려 있습니다. 소통하는 능력이 향상되면 행복해질 가능성도 커집니다. 즉 행복한 결혼 생활을 하는 사람은 결혼했기 때문에 행복해진 것이 아니라 상대방과 양호한 관계를 구축했기 때문에 행복해졌다고 할 수 있습니다.

타인과 양호한 관계를 쌓아야 하는 일이 비단 결혼에만 해당하는 이야기는 아닙니다. 아리스토텔레스가 말한 것처럼, 행복의 포인트는 외재적인 것을 손에 넣는 일이 아니라 당신이 어떤 사람이며 당신이 선택한 사람과 어떤 관계를 구축할 수 있느냐에 달려 있습니다.

사실 사람들은 결혼이 반드시 행복을 가져오지 않는다는 사실을 이미 알고 있습니다. 그저 '결혼은 행복한 일이다'라는 문화적 속설을 그대로 받아들이고 사는 사람이 많을 뿐이지요. 거기에 더해서, 돈이 곧 행복의 열쇠라고 생각하는 사람도 아주 많습니다. 정말로 그럴까요?

물론 물질적으로 풍족한 생활을 할 수 있다면 이는 기쁜 일입니다. 그런데 이 행복은 과연 얼마나 지속될까요? 잘 생각해보면 물질적으로 풍요로운 생활을 하는 일이 반드시 행복한 것만은 아니라는 사실을 깨닫게 될 겁니다. 어떤 일이든 익숙해지면 그것이 일상이 되기 때문입니다.

행복한 인생을 추구할 때 생기는 가장 큰 오해는 대부분 돈에 대한 잘못된 생각에서 비롯됩니다. 많은 사람이 충분한 돈을 손에 넣으면 행복하고 즐거운 인생을 보낼 수 있다는 생각에 돈

버는 일을 인생의 최우선으로 삼습니다. 하지만 조금만 생각해보면 알 수 있는 사실이 하나 있습니다. 만약 그것이 사실이라면 부자들은 모두 행복해야 하는데, 실제로는 그렇지 않다는 것입니다.

어려서부터 아무 고생 없이 사치를 부리며 살아온 부유층 자녀들의 행복도는 일반 가정에서 자란 아이들과 별반 다르지 않습니다. 또한 부잣집과 결혼한 사람은 부를 과시할 수 있는 공허한 즐거움이 하나 늘었을 뿐, 평범한 배우자와 결혼한 사람보다 반드시 행복하다고는 할 수 없습니다.

물론 이것이 개인의 문제라고 생각하는 사람도 있을 겁니다. 행복한 줄 모르는 부자는 만족을 모르거나 바라는 것이 많은 사람일 뿐, 자신은 그들과 다르다고 말이지요. 그러고는 만약 어느 날 로또에 당첨되면 지금까지 참아왔던 일을 뭐든지 할 수 있게 되어서 행복이 가득할 거라고 상상합니다.

그런 상상을 하는 것 자체는 문제가 되지 않습니다. 그런데 실제로는 돈을 아무리 벌어도 습관화된 현실에 만족하지 못하고, 진정한 행복은 돈을 더 많이 벌면 얻을 수 있다고 착각하는 사람이 대부분입니다.

하지만 한 단계 위에 도달한 사람 역시 자신이 행복하다고 느끼지 않는 것을 보면 그곳이 행복의 종착점이 아니라는 사실이 분명해집니다. 부富에 대한 망상에서 벗어나 새롭게 생각해보면 개인의 행복을 결정하는 요소는 훨씬 다양하고, 부는 여러 요소

가운데 하나에 불과하다는 사실을 알게 되지요.

아리스토텔레스는 지금으로부터 2000년 전부터 '돈이 행복의 중요한 구성 요소다'라는 생각을 딱 잘라 부정했습니다. 사실 역사를 살펴보면 부가 불행한 사건을 숱하게 발생시켰음을 알 수 있습니다. 이런 사례들은 플라톤이 말한 것처럼 욕망이 사람에게 얼마나 강한 영향을 미치는지를 여실히 보여줍니다.

행복을 손에 넣는 데 돈이 중요한 요소가 아니라는 사실을 우리도 어느 정도 이해하고 있습니다. 그런데도 행복을 희생해가면서 돈을 우선시하는 함정에 빠져 본말이 전도된 엉터리 인생을 추구할 가능성은 여전히 존재합니다. 이런 생각은 행복의 길로 이끄는 것이 아니라 욕망에 지배당한 채 불행을 향해 나아가게 합니다.

그런데 여기서 주의해야 할 점이 있습니다. 바로 돈이 행복을 가져다주는 주요 요소는 아니지만, 물질이 지나치게 부족한 생활은 고통과 불행을 가져온다는 사실입니다. 현대의 행복학 연구에서는 행복을 위해 어느 정도의 돈은 필요하지만, 의식주만 충족할 수 있으면 그 이상의 행복을 가져오는 데는 한계가 있다고 말합니다.

아리스토텔레스 또한 돈이 행복을 위한 주요 요소가 아니라고 주장했을 뿐, 행복을 추구하는 데 긍정적인 역할을 한다는 사실까지는 부정하지 않았습니다. 그는 돈을 외재적인 선善이라고 칭했습니다. 즉 돈이 내면적인 요소 외에 우리를 행복으로 향하게 하는 동력이라는 것이지요. 또한 "어떤 좋은 일을 행하려고 할 때 만약 돈이 없다면, 선행을 베푸는 일 자체가 불가능하지는 않다고 하더라도 상당히 힘들어진다"라고 말하기도 했습니다.

군이 일화를 찾아보지 않더라도, 우리는 일상생활에서 돈을 잘 사용하기만 하면 더욱 많은 행복을 얻을 수 있다는 것을 잘 알고 있습니다. 하지만 주위 사람들을 소홀히 하고 사소한 행복을 경시하면서 맹목적으로 돈을 추구하는 것은 명백한 본말전도입니다.

아리스토텔레스는 행복한 인생을 손에 넣는 데는 많은 돈보다 사람들과의 교제 능력이 훨씬 도움이 된다고 생각했습니다. 친구들과 왕래하며 돕고, 서로에게 신경을 써주고, 잡담을 나눌 수 있으면 즐겁게 살 수 있다는 것이죠.

지하철 안에서 주위를 둘러보면 다들 지쳤는지 온통 무표정한 사람들뿐입니다. 미소를 띠고 있는 사람은 거의 찾아보기가 힘듭니다. 어쩌다 웃고 있는 사람을 보면 옆에 친구가 있거나 전화 통화를 하고 있습니다. 당신도 지금 당장 즐거웠던 시간을 떠올려보시기 바랍니다. 대부분이 돈으로 얻은 무언가가 아니라 양호한 인간관계만 있으면 공짜로 얻을 수 있는 시간이었다는 사실을 깨닫게 될 겁니다.

그런데 공짜로 얻는 행복은 경시되는 경향이 있습니다. 어떤 사람은 얼마 안 되는 돈 문제로 우정을 깨트리기도 하는데, 이는 정말 잘못된 행동입니다. 다시 한번 말하지만, 우정은 돈 이상으로 사람을 행복하게 해주는 요소입니다. 악착같이 돈을 좇다가 우정을 깨트리는 일은 실로 어리석은 행위가 아닐 수 없습니다.

행복하고 즐거운 인생을 추구하는 가운데 흔히 나타나는 또한 가지 오해는 무언가를 손에 넣으면 행복해질 거라는 생각입니다. 혹시 당신도 성능 좋은 스마트폰을 사거나 승진하거나 로또에 당첨되는 등 무언가를 손에 넣기만 하면 인생이 장밋빛으로 바뀔 것으로 생각하고 있나요? 그런 것들은 찰나의 쾌락일 뿐입니다. 잠깐의 행복도 인생에서 중요한 요소이기는 하지만, 그런 행복감은 금세 사라집니다. 그러면 도대체 누가, 그리고 무엇이 지속 가능한 행복을 가져다주는 걸까요?

아리스토텔레스의 '행복을 밖에서 찾아서는 안 된다'라는 말을 다시 한번 떠올려보시기 바랍니다. 사람이나 물건에 아무리 의지해봤자 우리는 절대 행복해질 수 없습니다. 그렇다면 결국 우리에게 행복을 가져다주는 것은 자신의 능력과 내재적인 성질뿐이라는 결론이 납니다. 이 관점은 현대의 행복학 연구를 통해 얻은 결론과도 일치합니다.

이런 생각을 인정하기는 쉽지 않을 겁니다. 그도 그럴 수밖에 없는 것이 욕망을 채워서 손에 넣는 쾌락은 그 자체로 매력적이기 때문이지요. 우리가 이를 행복이라고 착각하는 것은 어찌 보면 매우 자연스러운 일이라 할 수 있습니다.

그런데 실제로는 그 쾌락이 또 다른 고통을 초래할 가능성이 있습니다. 아리스토텔레스는 이 문제에 대해 이성을 최고로 여겼던 플라톤의 생각을 지지했습니다. 아리스토텔레스는 욕망에 근거한 쾌락에는 이성의 제약이 필요하며, 그런 상태에 있을 때만 지속적인 기쁨과 행복을 손에 넣을 수 있다고 생각했습니다.

명심하세요. 밖에서 얻은 사람, 물건, 일은 잠깐의 기쁨밖에 가져다주지 못합니다. 반면에 내재적인 성질의 많은 부분은 지속 가능한 행복과 직접적으로 연결되어 있습니다.

쾌락보다 기쁨을 추구하라

그렇다면 우리는 왜 욕망을 만족시키는 쾌락의 추구가 곧 행복 추구라고 오해하게 된 걸까요? 바로 쾌락과 기쁨의 차이를 확실하게 구별하지 않았기 때문입니다.

기쁨이란 정태적静態的이고 지속적인 즐거움을 말합니다. 이런 종류의 감정이야말로 행복감과 이어져 있습니다. 하지만 우리는 평소에 정신적인 기쁨이 아니라 욕망에 내맡긴 쾌락을 추구하는 일에 익숙합니다. 스스로는 행복을 추구하고 있다고 생각하지만, 실제로는 행복에서 점점 멀어지는 경우가 많지요.

쾌락은 두 종류로 나눌 수 있습니다. 하나는 행복을 가져다주는 것, 또 하나는 불행을 초래하는 것입니다. 이를 구분하는 방법은 매우 간단합니다. 먼저 우리가 쾌락을 얻었다고 해봅시다.

그 쾌락은 어느 정도 지속될까요? 나중에 그 쾌락을 돌아봤을 때 또다시 기쁨을 느낄 수 있을까요?

예를 들어 한 끼에 몇십만 원이나 하는 식당에 갔다고 해봅시다. 먹을 때는 매우 만족하겠지만 식사를 마쳤을 때는 어떨까요? 그걸로 끝입니다. 아무리 맛있어도 한 끼의 식사는 순간적인 쾌락에 지나지 않습니다. 게다가 과식을 했다면 속이 더부룩해져서 행복감이 금세 사그라들 것이고, 형편에 비해 무리하게 비싼 음식을 먹었다면 금전적인 고통까지 짊어져야 합니다. 설사 누군가에게 대접을 받는다고 해도 이 또한 순간적인 쾌락일 뿐입니다. 남에게 빚을 지면서까지 비싼 음식을 먹을 이유가 없기 때문입니다.

많은 사람이 일하지 않고 편하게 살고 싶어 하고, 흥청망청하는 인생이 최고라고 생각합니다. 하지만 그것 또한 찰나의 쾌락일 뿐입니다. 쾌락만을 좇는 날이 계속되면 삶의 원동력이 점점 약해질 뿐 아니라 커다란 불행이 찾아올 수도 있습니다.

이와는 반대로 길게 곱씹으며 맛볼 수 있는 쾌락도 상당히 많습니다. 어떤 일은 지금 당장은 그다지 즐겁지 않더라도 시간이 흐르면서 점점 자신감과 충만감을 심어주기도 합니다. 게다가 사용 기한도 없어서 언제 떠올려도 기쁨이 충만한 감각을 맛볼 수 있습니다. 이런 일이 많이 쌓이면 우리는 저절로 행복을 느끼게 됩니다.

그러므로 쾌락보다는 기쁨을 추구하는 편이 현명합니다. 기뻠은 어렴풋한 것이지만 만족감을 길게 유지할 수 있습니다. 감각기관으로 맛보는 쾌락이 아닌 온전한 만족감이 우리를 행복으로 이끌어줍니다.

아리스토텔레스는 행복의 요건은 사람을 기쁨으로 이끌 수 있는 내재적인 성질에 있다고 주장했습니다. 즉 탁월함이라는 뜻을 지닌 아레테$_{arete}$만 갖추고 있으면 이를 행복으로 이어나갈 수 있다는 것입니다. 예를 들어 '관용'은 우리를 행복으로 이끄는 아레테 중 하나입니다. 다만 관용과 단순히 타인을 용서하는 일은 전혀 다르다는 점을 분명히 해둘 필요가 있습니다. 전자는 내재적인 자제심이며 후자는 단순한 행동 규범에 지나지 않기 때문이지요.

예를 들어 당신이 누군가로 인해 피해를 입었다고 해봅시다. 탁월함은 갖추고 있지 않지만 도덕 규범을 지킬 줄 아는 사람은 속으로는 화가 나도 이를 억누르고 아무렇지 않은 척 행동하거나 용서의 말을 건넵니다. 하지만 속마음은 전혀 관용의 상태가 아닙니다. 이런 억압은 즉각적인 충돌을 피할 수는 있어도 행복감은 고사하고 오히려 고통을 초래합니다. 하지만 관용이라는 탁월함을 갖추고 있으면 애초에 분노를 느끼지 않을 수 있습니다. 너무나 쉽게 타인을 용서할 수 있기 때문에 어떤 감정도 억압할 필요가 없지요. 설령 순간적으로 화가 났더라도 금방 가라앉습니다. 관용의 마음에는 타인의 염치없음에 대한 분노를 가라앉히고 제거하는 작용이 있어서 우리 기분을 가볍게 해주기

탁월함을 빛 삼아 행복의 길을 걷는다

때문입니다.

물론 관용에도 한계가 있어서 상대가 마음대로 하도록 내버려 두지만은 않습니다. 상대가 심각한 위법 행위를 하면 당연히 신고해야겠지요. 하지만 제멋대로 행동하는 상대에게 화가 나는 것뿐이라면 관용은 최선의 방위 수단이 됩니다. 상대방을 바꿀 수는 없지만, 적어도 자신의 행복이 무너질 일은 없게 되지요. 그런 내재적인 성질은 우리를 순조롭게 행복으로 이끌어줍니다.

무너지지 않는 행복을 기르는 법

그런데 도대체 어떻게 하면 '관용을 베풀 줄 아는 사람'이 될 수 있을까요? 솔직히 이야기하자면 그저 바라기만 하면 될 뿐, 특별히 어려운 것은 없습니다.

중요한 것은 의지가 있어야 한다는 점입니다. 의지를 가진다는 것은 달리 말하자면 관용이라는 행복의 길을 알고 있다는 뜻입니다. 관용의 의지를 가진 사람은 본인의 행복을 위해 타인의 악행도 기꺼이 용서합니다.

많은 사람은 관용의 마음을 가지지 못하고 남에게 욕을 퍼붓고, 어떤 이에 대한 불평을 쏟아내면서 마치 복수라도 한 것처럼 생각합니다. 하지만 그렇게 하더라도 상대방에게는 아무런 손해도 발생하지 않습니다. 오히려 자신만 괴로워질 뿐이지요.

그렇게 생각하면 "타인을 너그러이 보는 일은 자신을 너그러이 보는 일이다"라는 말이 어떤 의미인지 이해가 될 겁니다.

물론 상대방을 바꿀 수 있다면 노력할 가치가 있습니다. 하지만 어찌할 도리가 없다면 자신을 바꾸는 것이 최선입니다. 행복한 인생을 추구하고 싶다면 그 상황을 자기 단련의 기회라고 생각하시기 바랍니다. 내재적인 성질을 단련할 수만 있다면 더는 행복을 타인에게 방해받을 일이 없어집니다.

사실은 저도 예전에 이와 비슷한 고민을 하던 시절이 있었습니다. 매일같이 그 사람과 있었던 일을 떠올릴 때마다 격렬한 분노의 감정이 솟구쳤고, 친구와 만나면 항상 나를 괴롭히는 그가 얼마나 나쁜 인간인지를 봇물 터진 듯 쏟아내기 바빴습니다. 그러던 어느 날, 이런 행동에 부정적인 측면이 많다는 사실을 깨달았습니다.

우선 남의 험담을 즐겁게 듣는 사람은 없습니다. 험담은 듣는 이를 불쾌하게 하기 때문입니다. 즉 누군가에 대한 부정적인 말을 쏟아내는 순간 그 말을 듣는 사람의 행복도 망치는 것입니다. 또한 험담을 듣는 사람들은 당신이 뒤에서 자신의 험담도 하는 것이 아닌가 의심하게 되기 때문에 인간관계를 망칠 수밖에 없습니다.

이런 사실을 깨달은 뒤, 저는 관용의 마음을 길러야 한다는 아리스토텔레스의 말을 따르기로 했습니다. 세월이 지날수록 정말로 관용이 몸에 배어 일상생활에서 분노를 느끼는 일이 줄고, 더 자유롭게 살 수 있게 됐습니다.

관용의 마음을 얻으면 분노를 피할 수 있다는 것 외에도 두 가지 이점이 더 있습니다. 하나는 남들과의 충돌이 줄고 커뮤니케이션이 원활해져서 오해가 생겼을 때 빠르게 감지할 수 있다는 것입니다. 오해를 풀고 난 뒤에는 자칫하면 틀어질 뻔한 관계를 스스로 지켜냈다는 사실에 기쁨을 느낄 겁니다. 그 수확은 자연히 인간관계를 개선해주고 일상의 행복감을 높여줍니다.

관용의 두 번째 이점은 과거의 자신을 용서하게 된다는 것입니다. 사람은 성장 과정에서 욕망의 지배를 당하기 때문에 자기도 모르게 고약한 행동을 할 때가 있습니다. 과거의 잘못된 선택 때문에 항상 후회스러운 마음을 안고 살아가며, 거기에서 벗어나지 못하는 이들도 많지요. 스스로 행복해질 자격이 없다고 생각해서 무의식적으로 자신을 괴롭히는 경우도 있습니다.

우리는 타인을 관용으로 대하는 방법을 배우는 한편, 자신에게도 관용의 마음을 가지는 일을 배워야 합니다. 계속해서 자신을 탓하며 시간을 보내기보다 더욱 의미 있는 일을 하면서 갈등을 벗어던지는 것입니다.

관용의 마음이라는 탁월함을 하나 갖추기만 하면 수많은 불쾌한 기분을 줄이는 것은 물론 많은 행복을 얻을 수 있습니다. 다시 말해 탁월함을 두루 갖춤으로써 더 쉽게 행복한 인생을 획득할 수 있습니다.

아리스토텔레스가 말하는 탁월함은 흔히 '덕德'으로 번역됩니다. 그런데 이 단어를 사용해서 아리스토텔레스의 행복관을 해석하려고 하면 오해가 발생하기 쉽습니다. 왜냐하면 덕이라는 단어는 도덕과 관련된 어떤 특질을 연상시키기 때문입니다.

도덕도 탁월함에 포함되지만, 아리스토텔레스가 행복에 대해 말하고자 하는 것은 도덕이 아닙니다. 그는 심지어 "도덕은 인생의 목적이 아니다"라고 말하기도 했습니다. 도덕심이 있어도 불행한 운명을 사는 사람을 수없이 봐왔기 때문입니다. 어찌 됐든, 그의 말에 따르면 도덕심이 있다고 해서 반드시 행복한 인생을 살 수 있는 것은 아닙니다.

철학에서는 이른바 '덕 윤리학德倫理學'이라고 불리는 학문이 도덕과 관련된 탁월함을 설명합니다. 그 외에도 '덕 인식론德認識論'이라는 분야가 있는데, 여기에서는 도덕과는 관계없이 정확한 지식을 쉽게 획득하기 위한 탁월함에 관해서 설명합니다. 구체적으로는 성찰하는 습관, 의심스러운 정보에 대한 분별력, 논리적인 사고력, 나아가서는 풍부한 지식 등이 모두 행복을 손에 넣기 위한 탁월함입니다.

그리고 지식이나 도덕과는 무관한 탁월함도 있는데, 특히 서양에서 전통적으로 존중받아온 '용기'가 그중 하나입니다. 이는 이른바 위험을 무릅쓰고 인생의 꿈을 실현하기 위해서 노력하고 역경을 극복하는 능력입니다. 또한 미를 음미하는 능력 역시 도덕이나 지식과는 관계가 없지만, 우리를 행복한 인생으로 안내해줄 탁월함입니다.

그렇다면 우리를 행복한 인생으로 이끌어주는 탁월함을 기르려면 어떻게 해야 할까요? 아리스토텔레스는 이에 대해 "실천하고, 습관을 들이라"라고 말합니다. 예를 들어 관용의 경우 관용을 베풀 기회가 오면 가능한 한 실천하고, 마음속 감각을 달리하려고 노력합니다. 핵심은 겉으로만 그러는 것이 아니라 진심으로 감정을 달리하려는 의지를 갖추고 마음속 깊은 곳에서 솟아 나오는 관용을 시험하는 것입니다. 물론 새로운 능력을 습득하는 것이기 때문에 처음 시작할 때는 매우 어렵게 느껴질 겁니다. 하지만 연습을 계속하면 점점 습관이 되어서 어렵지 않게 관용의 능력을 발휘할 수 있게 됩니다.

행복을 손에 넣는 비결 중에서 가장 실천하기 쉬운 일은 '일찍 일어나기'입니다. 많은 사람이 매일 아침 알람 소리 때문에 억지로 깨는 고통을 겪습니다. 그리고 자연스럽게 눈이 떠질 때까지 자는 것이 행복이라는 생각에 마음껏 늦잠을 자도 되는 휴일을 손꼽아 기다립니다. 하지만 평소에 일찍 일어나는 습관을 들이면 굳이 휴일을 기다릴 필요가 없습니다. 물론 습관이 되기까지는 다소 힘들겠지만, 며칠만 일찍 일어나기를 반복하다 보면 자연스럽게 몸에 익기 시작합니다. 어떤가요? 알고 보면 그다지 어려운 일이 아니지 않나요?

그 외에도 우리를 행복으로 이끌어주는 탁월함으로는 '근면'이 있습니다. 일을 성실하게 하는 사람은 인내심과 책임감을 가지고 있습니다. 이처럼 열심히 일하는 사람은 성취감을 맛볼 수 있는 데다가 다른 사람들에게도 인정을 받을 수 있습니다. 우리는 이런 일에 행복을 느끼게 마련입니다.

근면을 기르는 방법은 관용을 기르거나 일찍 일어나는 습관을 들이는 것과 마찬가지로 우선은 실천하는 것입니다. 즐거운 마음으로 노동에 힘쓰고, 마음을 변화시키세요. 이때 가능한 한 손해를 보고 있다거나 귀찮다고 생각하지 않으려고 노력해야 합니다. 그러다 보면 자신도 모르는 사이에 근면이라는 탁월함이 길러져 있을 겁니다.

용기도 마찬가지입니다. 용감하다는 것은 두려움을 모르는 것이 아니라 설령 공포를 느끼더라도 담대하게 앞으로 나아가는 것입니다. 따라서 용기를 기르기 위해서는 항상 공포와 마주하는 일이 중요합니다. 아무리 무서워도 이성적으로 생각하면 해야 할 일이 보이기 시작합니다. 이를 반복하다 보면 공포와 마주할 수 있게 되고, 자연히 용기라는 탁월함이 몸에 배게 됩니다.

그 외에도 인색하게 굴지 않는 것과 지혜, 선량함, 공평 등도 모두 인생을 행복으로 이끌어주는 탁월함입니다. 이런 것들을 기르려는 의지를 다지기만 해도 인생은 행복을 향해 나아가기 시작합니다. 거기에 훈련을 지속하면 수많은 탁월함이 한층 깊이를 더하고, 우리는 더욱더 행복해질 수 있습니다.

저는 행복에 대한 아리스토텔레스의 의견에는 잘못된 부분이 없다고 확신합니다. 일단 탁월함을 기르는 연습을 시작해보면 그가 전하는 지혜의 매력에 사로잡힐 겁니다. 행복한 인생을 추구하고 싶다면 무턱대고 행복을 찾으려 할 것이 아니라 먼저 아리스토텔레스의 지혜에 귀를 기울여보면 어떨까요?

두 철학자가 나누는 지적 대담

하루히코가 묻다

많은 현대인은 행복에는 조건이 있다고 생각합니다. 그 첫 번째 조건은 대부분 풍족한 금전일 겁니다. 그런데 저는 'ㅇㅇ하려면 △△이라는 조건이 필요하다'라는 논제 자체가 이미 행복에서 동떨어진 사고방식인 것 같습니다. 혹시 이런 사고방식을 깨부수는 망치가 될 만한 것이 있을까요?

지지엔즈가 답하다

많은 현대인은 돈이 행복을 가져다주는 가장 중요한 요소라고 생각합니다. 하지만 철학적인 사고로 말하자면 이는 망상입니다. 사람들은 때때로 행복을 짧은 쾌락을 축적함으로써 얻을 수 있다고 착각합니다. 그리고 짧은 쾌락 대부분은 돈으로 살 수 있기 때문에 돈이 행복을 얻는 데 없어서는 안 되는 요소라고 생각합니다.

물론 짧은 쾌락이 넘치는 인생도 행복하지만, 문제는 돈으로 얻는 짧은 쾌락은 반드시 대가를 동반한다는 데 있습니다. 그 대가를 치르려면 행복이 줄어들 뿐 아니라 심지어 불행을 가져올 수도 있습니다. 탁월함에 속하지 않는 그런 외재적인 조건은 대부분 같은 특성을 가지고 있는데, 이는 누가 보아도 명백하게 드러납니다. 그렇기 때문에 '이성으로 진실을 보는 일'이야말로 망상을 깨부수는 망치가 될 수 있지 않을까요?

"존엄은 명예를 소유하는 데 있는 게 아니라,
명예를 누릴 자격을 유지하는 데 있다."

_아리스토텔레스

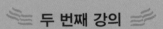

두 번째 강의

인생은 생각하는
방법에 따라 바뀐다

지지엔즈

"믿고 있는 모든 것을 적어도 한 번은 의심해야 한다."

르네 데카르트(René Descartes, 1596~1650)

프랑스의 철학자이자 수학자. 확실한 지식을 얻기 위해 모든 것을 의심해보는 '방법적 회의'를 제창했다. 오늘날 그는 근대 철학의 아버지로 불린다.

자신이 가진
모든 지식을 의심하라

데카르트는 17세기 프랑스의 철학자로, "나는 생각한다. 고로 존재한다"라는 명언을 남겼습니다. 이는 너무나 유명한 말이지만, 이 말의 진짜 의미를 아는 사람은 의외로 많지 않습니다.

어느 날 제가 커피숍에 갔을 때의 일입니다. 제가 앉은 자리의 뒤쪽으로 한 쌍의 남녀가 있었습니다. 남성은 여성에게 좋은 모습을 보여주기 위해 필사적으로 자신의 지론을 펼쳐 보였는데, 그 가운데 몇 번이나 전문적인 철학 용어를 사용하면서 교양 있는 모습을 연출하려 애쓰고 있었습니다.

아마도 그는 아주 가까이에 철학 교수가 있다는 사실을 꿈에도 몰랐을 겁니다. 게다가 그 교수는 책을 읽는 척하면서 사실은 귀를 쫑긋 세우고 남성이 늘어놓는 철학 용어에 대한 설명이 대부분 틀렸다는 사실을 남몰래 걱정하고 있었지요.

상대방 여성은 남성이 마음에 들었는지 칭찬을 아끼지 않았습니다. '생각이 깊다', '어떻게 그런 걸 알았냐'라며 연신 놀라움을 감추지 못했지요. 우쭐해진 남성은 다음과 같은 이야기를 꺼냈습니다.

"데카르트의 '나는 생각한다. 고로 존재한다'라는 말은 사람은 생각을 하기 때문에 존재 가치가 있다는 뜻이야."

물론 그의 설명은 틀리지 않았습니다. 하지만 저는 정정하고 싶은 충동이 올라오는 것을 억눌러야만 했습니다. 사실 그들에게는 데카르트가 한 말이 어떤 뜻인지 따위는 전혀 중요하지 않았으니까요. 그저 한시라도 빨리 애매한 상태에서 벗어나 더 진전된 관계가 되고 싶었을 뿐이겠지요. 그 여성이 남성이 틀렸다는 사실을 알면서도 굳이 잘못을 지적하지 않았을 수도 있지요.

그런데 이 이야기를 듣고 나면 한 가지 의문점이 생길 겁니다. '나는 생각한다. 고로 존재한다'가 사고의 중요성을 이야기한 것이 아니라면 과연 무슨 뜻이라는 걸까요?

'나는 생각한다. 고로 존재한다'라는 말의 진실

우선 사고의 '주체'와 '객체'를 구분하는 것부터 시작해봅시다. 사람이 사고할 때 사고를 하는 '사람'을 사고의 주체라고 부르고, 사고의 주체가 사고하고 있는 '대상'을 사고의 객체라고 부릅니다. 예를 들어 제가 목이 말라서 아이스커피가 마시고 싶어졌다고 했을 때, 저라는 사람은 사고의 주체이고, 아이스커피는 사고의 객체입니다.

간단하게 들리지만 오해하기 쉬운 문제이므로 자세히 설명하겠습니다. 여기서 주의해야 할 점은 사고의 객체가 반드시 구체적으로 아이스커피라고는 할 수 없으며 뇌 안의 상상만으로도 충분하다는 사실입니다. 사고하는 주체 역시 피가 흐르는 인간이 아니라, 뇌 안에서 지금 아이스커피를 생각하고 있는 '나'여도 상관없습니다.

일단 물질세계의 온갖 것을 배제한 뒤 단순하게 사고의 세계로 들어가 봅시다. 이 세계에는 사고하는 사람이 있고, 그 사람이 생각하고 있는 대상이 있습니다. 이때 사고하는 인간이 사고의 주체이며, 지금 막 생각되고 있는 내용이 사고의 객체입니다. 이 구별만 할 수 있으면 '나는 생각한다. 고로 존재한다'를 해석하기가 쉬워집니다.

즉 '나는 생각한다. 고로 존재한다'란 '사고의 존재는 사고의 객체가 존재한다는 사실을 증명한다'는 의미입니다. 다시 말해 '사고에는 반드시 사고의 주체가 존재하기 때문에, 사고가 존재한다면 틀림없이 사고하는 주체도 존재한다'라는 뜻이지요. 그리고 그 사고의 주체를 '나'로 했을 때, 사고의 존재는 '나'의 존재를 보증하게 됩니다. 물론 이 '나'는 사고의 세계에서 사고하는 사람을 뜻하며, 이것이 꼭 물질적인 육체를 가진 인간이라는 법은 없습니다.

　보다 쉽게 이해할 수 있도록 다시 한번 정리해보겠습니다. 우선 '나는 생각한다. 고로 존재한다'에서 '존재한다'는 지금 막 사고하고 있는 사고의 주체가 실재함을 뜻합니다. 그리고 반복해서 말했듯이 그 사고하는 이가 반드시 피가 흐르는 인간이라는 법은 없습니다. 만약 망령이 사고하고 있다 하더라도 '나는 생각한다. 고로 존재한다'라는 명제가 성립되는 거지요. 그렇다면 이 철학적 사고의 가치와 목적은 무엇일까요?

　데카르트와 관련된 문헌을 보면 그는 어느 날 갑자기 이런 사실을 알아차린 것 같습니다. 놀랍게도, 이 중대한 발견의 발단은 바로 그의 착각이었습니다. 사람은 누구나 일상을 살면서 잘못된 판단을 내릴 때가 있습니다. 확신에 가득 찬 상태로 선택했음에도 나중에 잘못되었음을 깨닫기도 하는데, 데카르트도 예외는 아니었습니다. 이런 상황에서 보이는 반응은 사람마다 다릅니다. 왜 이렇게 되었는지 모르겠다며 자신의 결정을 되새겨보는 사람도 있고, 자신이 바보였다며 웃어넘기는 사람도 있습니다. 혹은 자신의 잘못과 그것으로 인해 일어난 불행을 애석해하는 사람도 있습니다.

　여기서 뉴턴의 가설이 떠오릅니다. 평범한 사람들은 사과가 떨어지는 현상을 보고도 전혀 신경 쓰지 않았지만, 뉴턴은 거기에 의문을 품었습니다. 마찬가지로 우리는 가끔 실수를 저지르는 것에 익숙하기 때문에 실수하더라도 전혀 신경을 쓰지 않습니다. 하지만 데카르트는 뉴턴처럼 의문을 품었지요.

그는 과거를 돌아보고 '최종적인 판단을 잘못 내렸다는 것은 어떤 시점에서 잘못된 생각을 한 것이 원인이 아닐까?' 하고 생각했습니다. 하지만 그는 곧 어떤 시점의 잘못된 생각이 원인이 아님을 깨닫습니다. 왜냐하면 만약 과거로 돌아가서 한 번 더 잘 생각하고 신중하게 판단을 내린다고 하더라도 또다시 똑같은 실수를 저지를 거라는 결론에 다다랐기 때문입니다.

우리가 실수를 두려워하는 이유는 실수를 범할 잠재적인 위험을 쉽게 발견할 수 없기 때문입니다. 또 우리는 미래를 예측할 수 없기 때문에 몇 번씩이나 같은 실수를 반복하며 재앙을 불러일으킵니다. 더욱 무서운 것은 따로 있습니다. 아직 재난이 닥치지 않았다면, 지금 한창 잘못을 저지르는 중일지도 모른다고 유추할 수 있다는 점입니다.

깊이 생각해서 신중하게 판단을 내려도 예기치 못한 중대한 재난이 일어난다면, 이는 피할 방법조차 모르는 잠재적인 위험의 존재를 알게 된 것과 같아서 그야말로 두려운 일이 아닐 수 없습니다. 데카르트는 마침내 사람이 실수를 피할 수 없는 주요 원인은 평소에 옳다고 믿었던 잘못된 지식 탓이라는 결론을 내렸습니다. 잘못된 지식을 사용해서 사고하면 설령 추론에 오류가 없었다 하더라도 잘못된 결론을 끌어내게 된다는 것입니다. 이 악순환에서 벗어나려면 잘못된 지식을 모조리 배제해야 합니다.

그래서 데카르트는 자신이 믿고 있는 모든 것을 전면적으로 의심하기로 했습니다. 그리고 그 의심스러운 지식을 모조리 버리고 새로운 지식을 구축하려 했습니다. 그는 "인생의 진리를 추구하려면 자신이 믿고 있는 모든 것을 적어도 한 번은 의심할 필요가 있다"라고 주장했습니다. 그렇게 해야만 자기도 모르는 사이에 섞여 있는 잘못된 지식을 배제할 수 있다고 믿었기 때문입니다.

이후 데카르트는 온갖 것을 의심하기 시작했습니다. 자신이 보고 들은 감각적인 지식을 비롯하여 수학이나 논리학까지도 모두 잘못된 것이 아닐까 하고 따져보았습니다. 그리고 이 세상에 의심할 수 없는 것이 거의 존재하지 않는다는 사실을 깨닫고, 우리 인간의 자부심이라고 할 수 있는 '지식'의 불완전함을 통감했습니다.

그리고 데카르트는 '의심할 여지가 없는 것이 존재하는가?'라는 물음에 대해 최종적으로 사고하는 주체의 존재는 의심할 여지가 없다는 결론을 내렸습니다.

'회의懷疑'는 사고하는 일입니다. 사고는 사고의 주체가 존재한다는 걸 보증하는 것이기 때문에 회의도 사고의 주체를 보증합니다. 즉 회의하고 있는 사고의 주체에 대해서는 의심할 여지가 없습니다. 그는 "모든 것을 의심할 수는 없다. 적어도 사고하는 주체인 '나'의 존재는 의심할 수 없기 때문이다"라는 결론을 내렸습니다. 이 결론이 '나는 생각한다. 고로 존재한다'라는 주

자신이 믿고 있는 것을 모두 의심해보면
오류를 피할 수 있다

장으로 이어진 것입니다.

　데카르트가 내린 이 결론은 철학 이론의 발전에서 중요한 의미를 가지지만, 곧바로 일상생활에 활용할 수 있었던 것은 아닙니다. 그 후로 수백 년의 세월에 걸쳐 숙성된 뒤에야 일상생활에 도움이 되는 훌륭한 지식이 될 수 있었습니다.

자신의 생각을 그대로 믿지 마라

세상의 온갖 것을 의심한 데카르트는 단순히 기존의 지식을 깨부수려고 한 것이 아닙니다. 그는 신뢰할 만한 새로운 지식 체계를 구축할 기초적인 지식을 찾으려고 했습니다.

　그런데 '나는 존재한다'라는 명제를 신뢰할 수 있다고 하더라도 거기에서 모든 것을 망라하는 지식 체계를 끌어낼 수는 없었습니다. 후세에 등장한 많은 철학자는 그 뜻을 이어받아 데카르트가 미완성으로 끝낸 과업에 도전했습니다. 그리고 수백 년이 지난 오늘날 대략적인 결론에 도달했습니다.

　바로 '그런 것은 존재하지 않는다'입니다. '우리의 지식은 하나의 기초 위에 존재하는 것이 아니다'라는 지혜는 분명히 일상생활에 도움이 됩니다. 비록 데카르트가 직접 내린 결론은 아니지만, 그의 회의가 근원이라는 사실만은 확실합니다.

　데카르트는 회의함으로써 진리 탐구에 필요한 확고한 지식을 발견하려고 했습니다. 이는 목적이 있는 회의입니다. 그리고 그는 결국 '나는 존재한다'라는 명제가 의심의 여지가 없음을 밝혀냈고, 이 확고한 지식을 온갖 지식의 기초로 삼아 다른 지식까지 발전시키려고 했습니다.

이 시도는 후에 '토대주의'라는 이름을 얻었습니다. 지식이란 토대가 되는 가장 기초적이고 오류가 없는 지식 위에 한 층 한 층 쌓아 올린 높은 빌딩과 같습니다.

사실 우리는 선천적으로 이 토대주의적인 사고 회로를 가지고 있습니다. 아이와 대화하는 상황을 예로 들어봅시다. 부모가 아이에게 "쓰레기를 아무 데나 버리면 안 돼"라고 말하면, 아이가 "왜 안 되는데요?"라고 물을 때가 있습니다. 부모가 아무리 이유를 설명해도 아이는 자신이 수긍할 때까지 "왜?"를 반복합니다. 이처럼 사람은 어떤 지식을 이해하려고 할 때 더욱 기초적인 지식의 설명에 기대어 차례로 지식을 넘겨받으려는 성향을 가지고 있습니다. 그리고 더는 넘겨받을 필요가 없는 가장 기초적인 지식에 도달할 때까지 이를 반복합니다.

하지만 아무리 설명해도 절대로 받아들이지 못하고 '왜'를 반복하는 까다로운 아이를 만났을 때, 당신은 그 아이를 설득할 방법 따위는 애초에 존재하지 않는다는 사실을 깨닫게 됩니다. 이와 마찬가지로 후세의 철학자들도 '나는 존재한다'라는 명제만으로는 충분하지 않다는 사실을 깨닫고, 더욱 기초적인 지식을 늘려야 한다고 생각했습니다.

데카르트에서 시작된 지식 자체를 깊이 추구하는 작업은 수

백 년의 사고를 거쳐서 '진리 정합설眞理整合說'이라는 지혜를 끌어냈습니다. 진리 정합설이란 지식은 저마다 개별적인 토대가 존재하는 것이 아니라, 사실은 복수의 지식이 모여서 서로 지탱하고 있기 때문에 그중 무엇 하나도 빼놓을 수 없다는 가설을 말합니다.

이 관점에서 어떤 일을 바라보면 종교나 문화 혹은 정치적 입장이 다른 사람끼리 진실한 대화를 하는 것이 어려운 진짜 이유를 알게 됩니다. 실제로 우리는 나와 다른 생각을 하는 상대를 설득하기란 불가능합니다. 그렇다고 상대의 생각을 부정할수도 없습니다. 왜냐하면 상대의 생각은 그 사람이 가진 수많은 지식으로 보호받고 있기 때문입니다.

그런 상대와 의사소통을 하기 위해서는 서로가 자신의 모든 생각을 속속들이 드러내야 합니다. 그리고 상대의 사고 세계로 깊이 들어가 모든 생각을 받아들여야만 정말로 이해했다고 말할 수 있습니다. 그렇게까지 했는데도 의사소통의 여지가 전혀 없다는 사실을 깨닫게 되는 경우도 있겠지만 말입니다.

이는 현대 철학자인 토머스 쿤Thomas Kuhn이 주장한 '공약 불가능성共約不可能性(패러다임 간의 통약 불가능성을 말한다-옮긴이)'과 조금 비슷합니다. 쉽게 말하자면 과학 혁명 전과 후의 이론은 공통의 척도로 잴 수 없다는 생각입니다. 과학 이론의 세계에서도 이런 상황이니 인간끼리는 말할 것도 없겠지요.

사람과 사람이 대화할 때 서로를 완전히 이해할 수 있는 경우는 그렇게 많지 않습니다. 우리는 자기 생각을 입으로 말할 때 모든 것을 표현하지는 않지요. 사실 말 뒤에 많은 내용을 감춥니다. 게다가 모두 같은 생각일 거라고 믿고 있는 공통의 예비지식도 굳이 말하지 않습니다. 그리고 당신의 생각을 들은 상대도 자신의 척도를 가지고 행간을 자기 멋대로 읽습니다. 이때 말 뒤에 숨겨진 내용이든 공통의 예비지식이든 화자와 청자 각자가 생각하는 내용이 일치하는 일은 거의 없습니다.

이처럼 대화에는 오해가 따르기 마련이기 때문에 한두 마디 대화로 상대가 완전히 내 생각을 이해했다고 생각하는 것은 위험합니다. 특히 당신의 생각이 나머지 대다수와 다를 경우, 상대가 알았다고 말해도 그 사람이 이해한 내용은 그 사람의 예비지식에 기반한 이해일 뿐이지 당신의 진짜 생각과는 거리가 멀 가능성이 큽니다.

굳이 심오한 철학을 논하지 않더라도, 데카르트가 진리를 탐구하기 위해서 시험한 기법은 일상생활에서 매우 중요한 지혜가 될 수 있습니다. 그 지식이 우리에게 '압도적 다수의 사고방식은 모두 의심해보아야 한다', '회의는 진리로 가는 길이다'라고 가르쳐주기 때문입니다.

당신도 데카르트처럼 회의를 실천하면 의심스러운 사고방식을 수없이 많이 발견할 수 있을 겁니다. 이렇게 하면 망설임이 사라지고, 집착에서 벗어날 수 있습니다. 만약 당신이 철석같이 믿고 있던 관점까지 의심할 수 있다면 더욱 쉽게 회의적 정신을 기를 수 있습니다. 그리고 그 기술은 현대 사회에서 자신을 지켜주는 매우 유익한 무기가 됩니다.

우리는 매일같이 가짜 정보를 접하고 있습니다. 전달이 잘못된 것도 있겠지만, 정치적인 악의가 담겨 있는 가짜 뉴스나 비즈니스와 관련된 유언비어도 많습니다. 중요한 것은 아무런 근거도 없을 뿐 아니라 누군가에게 피해를 줄 만한 정보는 쉽게 확산한다는 점입니다. 그런 정보는 그럴듯한 신문 기사나 새로운 과학적 지식으로 포장되기 때문에 사람들은 잘못된 정보일 수도 있다고 의심하지 않고 쉽게 믿어버립니다.

이런 세상에 대항하는 가장 좋은 방법은 날카로운 회의적 정신을 기르는 것입니다. 회의적 정신은 비판적인 시선을 가지고 중요한 정보를 여과하는 사고력이라는 점에서 '비판적 사고'라고도 불립니다. 특히 각종 정보에 영향을 받은, 선입견이 가득한 사고방식에 대해서는 잘못된 판단을 방지하기 위해서라도 우선은 의심하고 여과하는 일이 중요합니다.

비판적인 사고를 습관으로 삼으면 인생이 완전히 달라집니다. 우리는 일상생활을 하면서 자신이 당연하다고 생각하는 다양한 지식을 가지고 일을 처리하고, 옳고 그름을 판단합니다. 그런 독자적인 관념은 자기 자신의 행동 규범이 될 뿐만 아니라 타인을 비평하거나 지도할 때도 사용됩니다. 그 때문에 타인과 충돌이 빚어지는 경우도 있는데, 그렇다고 해도 자신의 독자적인 관념을 철회하지 않습니다. 하지만 데카르트의 지혜를 적용해보면 상황이 달라집니다. 일단 자신이 당연하다고 생각했던 것들을 의심하기 시작하면, 굳어진 생각에서 벗어날 기회가 찾아옵니다. 그리고 그것이 지혜를 성장시키는 중요한 전환점이 됩니다.

물론 회의적 정신은 타인에 대한 신뢰가 결여된 것이기 때문에 인간관계에 악영향을 준다고 생각하는 사람도 많을 겁니다. 하지만 이는 회의적 정신에 대한 오해일 뿐입니다. 아리스토텔레스의 관점에서 보자면 타인을 의심하는 일은 탁월함과 걸맞지 않지만, 사실 회의적 정신이 의심하는 대상은 정보이지 인격이 아닙니다.

타인을 신뢰하는 일은 탁월함입니다. 하지만 누구나 실수를 범하기 때문에 타인의 인격을 신뢰하라는 말은 그 사람의 말이나 주장을 그대로 받아들이라는 뜻은 아닙니다. 타인의 말이 의심스럽다는 생각이 들었을 때는 의심하는 것이 당연합니다.

이때 한 가지 주의해야 할 점이 있습니다. 당신이 상대를 신뢰하고 있다면 그 사람이 고의로 거짓말을 하는 것이 아니라 오류를 범하고 있을 가능성도 고려해야 한다는 것입니다. 그리고 틀림없이 거짓말을 하고 있다는 사실을 증명할 수 없는 이상 인격까지 의심하지는 말아야 합니다.

이처럼 일단 신뢰하고 그다음에 의심하는 행위는 아리스토텔레스가 말하는 탁월함에 속합니다. 한편으로 어떤 정보라도 일단 의심하고, 그다음에 신뢰하는 비판적인 사고력은 수상한 정보를 덜컥 받아들이는 횟수를 줄일 수 있어서 이 또한 행복으로 이어지는 중요한 요소라고 할 수 있습니다. 따라서 이 두 가지 방법은 전혀 모순되지 않습니다. 회의적 정신을 기르려면 어떤 정보를 받아들이기 전에 여과해서 보는 습관을 들여야 합니다. 그것이 중요한 정보일수록 시간을 들이는 일이 중요합니다.

이처럼 '여과'란 정보 가운데 의심스러운 부분을 찾아내는 작업입니다. 그렇다면 정밀도가 높은 여과기를 손에 넣는 열쇠는 무엇일까요? 바로 잘못된 사고에 빠지기 쉬운 인간의 특성을 깨닫고 오류를 감지하는 능력을 예민하게 갈고닦는 것입니다.

이전에 아이들을 위한 사고 훈련을 하면서 여과의 가르침을 항목별로 나눈 적이 있습니다. 이는 어린이만이 아니라 어른에게도 큰 도움이 됩니다. 다음 항목을 참고로 뇌 안에 정보 여과기를 설치해보시기 바랍니다.

1. 그것이 원인이라는 보장은 없다.
2. 이전에 그랬다고 해서 지금도 그러리라는 보장은 없다.
3. 소수가 그렇다고 해서 나머지 대다수도 그러리라는 보장은 없다.
4. 표면적인 것이 참모습이라는 보장은 없다.
5. 합리적인 것이 옳다는 보장은 없다.

이런 가르침을 활용하는 습관을 들이면 사고의 정밀 여과기를 손에 넣을 수 있습니다. 머릿속에 이 여과기를 갖추고 있다면, 어떤 정보 안에 무언가 의심스러운 특징이 포함되어 있을 때 뇌가 자연스럽게 경보를 울릴 겁니다. 이 연습을 반복하면서 회의의 범위를 넓혀 안테나를 높이 올리다 보면, 더욱 강력한 회의 능력을 습득할 수 있습니다.

두 철학자가 나누는 지적 대담

하루히코가 묻다

여과 훈련 항목 중 '합리적인 것이 옳다는 보장은 없다'라는 말에 전적으로 동의합니다. 하지만 현대는 글로벌 경제의 성과주의 탓인지 합리적이고 효율적인 것이 마치 그 특징만으로도 정답처럼 여겨지는 경우가 많습니다. 경제적 시점을 중시하는 가치관이 언젠가부터 사람들의 윤리관에까지 영향을 주고 있습니다. 우리는 현재 윤리의 위기 속에 있는 걸까요?

지지엔즈가 답하다

사람들에게 좋은 생활 환경을 제공하는 것은 정치가의 책임이며, 풍족한 생활 역시 당연히 좋은 것이기 때문에 경제 부흥을 실현할 수 있는 정부는 일단 좋은 정부로 간주됩니다. 하지만 이러한 견해는 환경오염이나 지구 온난화 등 경제 성장이 가져오는 부정적인 영향을 완전히 무시하고 있습니다. 합리적인 가치를 우선으로 삼는 사고는 동시에 풍요로움을 기대하게 하고, 자신이 기대하는 일에는 합리적인 이유를 붙이고 부정적인 면을 무시하게 합니다. 어쩌면 철학이 여기에 제동을 거는 최종적인 힘일지도 모릅니다.

"좋은 책을 읽는 것은 과거 몇 세기의 가장 훌륭한 위인들과
이야기를 나누는 것과 같다."

_르네 데카르트

"마음은 지각의 집합에 지나지 않는다."

데이비드 흄(David Hume, 1711~1776)

영국의 철학자이자 역사학자. 인과관계는 습관에 의한 고정관념일 뿐, 자연계
에는 존재하지 않는다고 생각했다. 영국 경험론의 완성자로 불린다.

인간의 성장은 사고를
뒤흔드는 일에서부터 시작한다

아주 먼 옛날 산으로 둘러싸인 작은 마을이 있었습니다. 그 마을은 자급자족하면서 바깥세상과 전혀 교류하지 않았습니다. 마을 사람들은 자신들의 마을이야말로 세상의 모든 것이고, 주변 산들이 세상의 끝이라고 믿었습니다. 세상에 존재하는 사람과 동물, 곤충, 초목이 모두 눈앞에 있고 이미 완벽한 세계가 구성되어 있다고 생각했지요.

어느 날 마을에 사는 한 소년이 세상의 끝을 탐험하러 나섰습니다. 소년은 높은 산, 더 높은 산을 차례로 넘어서 드디어 커다란 산의 정상에 올랐습니다. 그때 소년의 눈에 비친 것은 끝없이 이어져 있는 세계였습니다. 사실 소년이 살던 그 마을은 세상의 일부에 지나지 않았던 것입니다. 바깥세상에는 신기한 풀

꽃이 무성하고, 한 번도 본 적이 없는 동물과 곤충들이 살고 있었습니다. 사람들의 모습도 가지각색이었지요. 소년으로서는 지금까지 상상조차 못 하던 일이었습니다. 그 순간, 소년이 예전부터 가지고 있던 세계관이 무너져 내렸고, 소년은 떨리는 감동을 받았습니다.

이 '떨리는 감동'은 제가 18세기의 영국 철학자 데이비드 흄의 저서를 읽을 때 북받쳐 오르던 감정과 비슷하리라고 생각합니다. 도대체 흄의 어떤 철학적 사고가 제게 이런 감동을 선사한 걸까요?

'나'라는 관념에서 벗어나라

데카르트는 플라톤의 전통을 이어받아 윤리나 수학처럼 가장 중요한 지식은 타고나는 것이라고 주장했습니다. 그리고 계속해서 사고함으로써 '나는 생각한다. 고로 존재한다'와 같은 가장 근본적인 지식을 발견했습니다. 한편 흄이 이어받은 것은 감각기관에 의한 경험을 중요하게 생각한 아리스토텔레스의 경험주의입니다. 아리스토텔레스는 온갖 지식은 경험에서 유래한다고 주장했고, 흄은 이에 깊은 회의를 품었습니다.

흄은 각각의 지식이 어떤 경험에서 유래하는지를 검증하려고 했습니다. 이후 지극히 근본적인 지식에 대해서는 그 근원을 경험 안에서 찾아내는 일이 불가능하다는 사실을 깨달았습니다.

흄은 생각했습니다. '그런 지식이 경험에서 온 것도 아니고, 타고난 것도 아니라면 도대체 어디에서 온 것일까? 그 토대는 대체 무엇일까? 설마 어느 틈에 잘못 섞여 들어온 것뿐일까?' 라고 말이지요. 만약 정말로 어쩌다 잘못 섞인 것이라면 상당히 성가신 일입니다. 왜냐하면 그런 지식은 다양한 지식의 기초가 되기 때문에, 무너질 수 있는 성질의 것이라면 우리가 가진 지식의 바다는 소용돌이치는 거대한 파도로 미쳐 날뛰게 될 테니까요. 예상한 대로 흄의 생각은 거대한 파도를 일으켰습니다. 특히 흄의 '자아'와 '인과'에 대한 회의는 세계에 크나큰 반향을 불러왔습니다.

데카르트는 자아의 존재를 긍정했지만, 흄은 자아의 존재가 의심스럽다고 생각했습니다. 흄이 의심한 자아는 데카르트가 말하는 사고의 주체와 큰 차이가 없으며, 모두 마음속의 '나'를 가리킵니다.

데카르트의 '나는 생각한다. 고로 존재한다'에 따르면 '나'는 의심할 여지가 없는 존재입니다. 왜냐하면 사고라는 행위에는 반드시 사고의 주체가 존재하고, '나'의 존재를 의심하는 행위도 일종의 사고이기 때문에 사고의 주체는 자아와 동일하다고 할 수 있습니다. 따라서 자아의 존재를 의심하는 일 자체가 모순입니다.

데카르트의 추리는 언뜻 보기에 지당한 것처럼 보이지만, 흄은 데카르트가 생각하는 '의심할 여지가 없는 자아'를 의심했습니다. 왜냐하면 데카르트가 말하는 자아의 정의는 실제로는 그 논거인 '나는 생각한다. 고로 존재한다' 이상으로 확대될 수 있기 때문입니다. 즉 '사고하고 있을 때는 확실히 사고의 주체가 존재하지만, 사고를 하지 않을 때도 존재한다는 말인가?', '그 사고의 주체는 계속 존재하는가?', '다음번에 사고할 때 출현하는 사고의 주체는 이전의 사고 주체와 동일한 존재인가?' 하는 의문을 품을 여지가 있다는 말입니다.

실제로 데카르트가 생각하는 사고의 주체로서 자아에는 명백하게 지속성과 연계성이 있습니다. 설령 사고하고 있지 않더라도 사고의 주체는 계속해서 존재하며 다음에 사고할 때 사고의 주체도 앞선 그것과 동일합니다. 그리고 이 사고의 주체야말로 우리가 일반적으로 말하는 자아입니다.

자아의 확실함을 발견한 데카르트는 모든 것을 의심하는 시도에 종지부를 찍었습니다. 그리고 그 자아관은 대다수 사람의 습관적인 사고방식과 일치했기 때문에 누구도 데카르트의 추리에 문제가 있다고 생각하지 않았습니다.

하지만 데카르트의 '나는 생각한다. 고로 존재한다'를 순순히 해석만 해서는 사고를 하지 않을 때의 사고의 주체를 확인할 수 없습니다. 또한 다음에 사고할 때도 전과 같은 사고의 주체가 사고를 재개한다고 단정할 수 없지요. 결국 '영혼'과 같은 내재적인 핵심을 사고의 주체라고 가정하지 않는 한, 우리는 데카르트의 자아관을 이해할 수 없습니다.

이윽고 흄은 이 내재적인 핵심이 우리의 실제 경험에서 유래하지 않는다는 사실을 발견했습니다. 다시 말해 우리는 이 자아를 확인할 수 있는 일체의 지각적인 경험을 한 적이 없습니다. 예를 들어 완벽한 원圓이라는 것은 실제로는 존재하지 않지만, 관념으로는 존재합니다. 뉴턴이 지구에 인력이 있다는 가설을 세우고 그 가설을 이용해서 자신이 본 현상을 설명했지만, 실제로 그런 인력이 있다는 보장은 없습니다. 이와 마찬가지로 흄은 자아 또한 관념상으로만 존재하거나 지식상의 가설과 같은 존재라고 여긴 것입니다.

우리는 일상생활에서 이 상상 속의 자아에 의해 다양한 상황에서의 '나'를 이해하고, 자신과 타인을 구별합니다. 하지만 우리가 이 영혼과 같은 자아라는 관념을 지식에서 배제하면(상당히 어려운 행위지만 실제로 가능합니다), 연속된 지각과 내재적인 인상이 뒤섞인 집합체만 남습니다. 흄의 견해에 따르면, 여기에 끝없이 이어지는 영혼처럼 핵심적인 존재가 있다고 단언할 수 없습니다.

다시 한번 정리해봅시다. 우리는 습관적으로 이런 상상 속의 내재적인 핵심을 자아라고 부르며 자기 자신을 인식합니다. 하지만 그 핵심을 배제하면 거기에 남는 것은 연속적인 경험의 흐름뿐입니다. 아직도 이해가 잘 가지 않는다면 불을 떠올려보시길 바랍니다. 불은 끊임없이 열기를 피워 올리고 빛을 발산하기 때문에 우리는 불을 하나의 물질이라고 느끼는데, 사실 이는 착

인생은 생각하는 방법에 따라 바뀐다

각일 뿐입니다. 불이란 발광하는 기체가 연속적으로 확산하고 있는 현상일 뿐입니다. 즉 하나의 물질이라고 불릴 만한 핵심적인 존재는 아닙니다.

다시 말해 인간 영혼의 세계를 끊임없이 솟아나는 경험의 흐름이라고 간주하고 거기에 내재적인 핵심도 존재하지 않는다고 한다면, 자아 역시 존재하지 않는 것이 됩니다.

흄의 이와 같은 사고방식은 상당히 특이하고 별난 철학자가 생각해낸 기묘한 세계처럼 느껴지기도 합니다. 하지만 실제로 우리에게는 자아라는 지각적인 경험을 찾아낼 방법이 없습니다. 대뇌 신경의 활동을 봐도 자아를 관장하는 부위를 특정할 수 없지요.

현대 과학과 철학에서는 자아란 대뇌의 정보 통합 능력에서 비롯된다는 가설이 가장 설득력 있는 이론으로 평가받고 있습니다. 요컨대 밖에서 초래된 감각기관의 경험과 내재적인 사고가 시간이나 공간이라는 배경하에 모두 뇌 안에서 통합되고 이것이 몸에 받아들여지므로, 앞서 말한 조건이 갖춰지면 즉시 '나'라는 관념이 생겨난다는 말입니다.

하지만 이런 조건에 자아라고 불릴 요소가 전혀 없습니다. 일상생활 가운데 가장 자아라고 인식하기 쉬운 몸 역시 자아는 아닙니다. 왜냐하면 중점이 내재적인 사고에 있기 때문에 사람이 사고를 하지 않을 때는 소위 자아라고 부르는 것 역시 존재하지 않기 때문입니다.

또한 자아를 앞서 말한 조건과 결부시킬 경우, 그 조건에 하나라도 문제가 발생하면 '나'라는 관념에도 금이 가기 시작합니다. 그렇게 되면 '나'는 더는 '나'가 아니게 됩니다. 실제로 다양한 유형의 뇌 손상 환자가 이런 현상을 보입니다.

알츠하이머 환자를 예로 들어볼까요? 알츠하이머는 기억이 급속도로 유실되는 질병으로, 이 병에 걸린 환자는 내재적인 생각도 잃어가기 때문에 자아 역시 이전과 같다고 할 수 없습니다. 또한 어떤 뇌 손상 환자가 자신의 몸을 자신의 것이라고 인식하지 못하면 자아도 이와 함께 변화합니다. 이처럼 특정한 조건이 갖춰지지 않으면 자아의 개념도 쉽게 분화되고, 심지어는 소멸하기도 합니다. 따라서 자아란 일종의 인지의 산물이며 자연히 형성된 가설적인 존재라고 할 수 있습니다. 더 이야기해보자면, 자아는 일종의 착각이며 그 자체가 불확실한 것이기 때문에 우리는 어떤 특정한 존재를 가리켜서 "이것이 '나'다!"라고 말할 수 없습니다.

우리의 사고가 자아의 미혹에서 벗어날 수 있으면 인간적인 성장이라는 측면에서 놀라운 성과를 이룰 수 있습니다. 불교에서 말하는 '자아를 버리고, 아집을 깨부쉈다'라는 경지에 이를 수도 있지요.

불교에서는 아집을 깨부수는 일이 고통에서 벗어나기 위한 중요한 관문이라고 설명합니다. 그런데 이는 상당히 엄격한 수행을 요구하기 때문에 어디서부터 손을 대야 할지 짐작조차 가

흄은 생각하는 일 자체를 깊이 탐구하고 흔들었다

지 않습니다. 이럴 때 도움이 되는 것이 바로 흄의 철학입니다. 그의 철학을 배우면 우리가 집착하고 있던 자아가 단순한 착각일지도 모른다고 생각하게 되기 때문입니다.

아집이란 '나'에 기반한 관념이 형성한 습관적인 사고입니다. 문제는 이런 사고는 사상이나 감정과 깊이 연결되어 있기 때문에 이것이 그저 습관일 뿐이라는 사실을 깨닫기가 쉽지 않다는 것입니다.

우리가 인생에서 겪는 대부분의 고뇌, 즉 '다른 사람들은 나를 어떻게 생각할까?', '나는 지금 어떤 처지에 놓여 있는 걸까?', '나의 존재가 혹시 위태롭지는 않을까?' 등의 생각은 모두 아집에서 비롯됩니다. 예를 들어 당신이 공공장소에서 모욕을 받거나 누군가에게 푸대접을 받는 등 창피를 당했다고 해봅시다. 이럴 때는 당신 안에 있는 핵심 부분인 자아가 상처를 받아서 상당히 불쾌한 기분이 들게 마련입니다.

하지만 만약 그 자아가 외관상의 모습에 불과할 뿐 실재하지 않는다고 한다면 이런저런 생각에 괴로워할 일이 없어집니다. 실제로 존재하지도 않는 무언가의 명예를 지키기 위해서 행복을 낭비할 필요가 없기 때문이지요.

다시 말해, 자아라는 관념은 사고의 깊숙한 곳에 가라앉아서 우리에게 아픔과 고통을 가져오는 괴물과 같은 존재입니다. 여기서 흄의 자아를 의심한다는 가설을 도입하면 고뇌를 초래하는 사고를 멈출 수 있습니다. 그렇게 해서 자아라는 관념이 활동하지 않게 되면, 그와 동시에 고통을 불러일으키는 대부분의 원인이 사라집니다.

그러면 더는 체면을 신경 쓰거나 타인의 눈을 두려워할 필요가 없어집니다. 어쩌면 죽음조차 두려워하지 않게 될지도 모릅니다. 그 정도 수준에 도달하면 자연스럽게 삶의 필연적인 고통에서도 벗어날 수 있겠지요.

나를 괴롭히는 감정에서 벗어나는 방법

저는 흄의 철학을 배우고 나서부터는 항상 자아가 존재하지 않는 상태를 상상하고, 영혼을 연속된 경험의 흐름으로 간주하고 있습니다. 그렇게 하다 보니 서서히 자아라는 관념의 속박에서 해방되면서 '무아無我'의 상태로 들어가기가 수월해졌습니다. 여러분도 이런 훈련을 해보길 바랍니다. 아마 돌발적인 감정을 피하기가 수월해질 겁니다.

예를 들어봅시다. 저는 학생들이 수업 시간에 스마트폰을 만지작거리는 걸 매우 싫어해서 수업 시간에 스마트폰 사용을 금지하고 있습니다. 하지만 종종 규칙을 무시하는 학생이 있습니다. 그런 학생은 몇 번이나 주의를 줘서 못 하게 해도 조금만 지나면 다시 스마트폰을 이용하기 시작합니다. 이 상황이 반복되면, '내가 이렇게 진지하게 수업을 하고 있는데, 어째서 교수인 나를 존중하지 않는 거야?'라는 생각이 머릿속을 채우고, 점점 화가 나기 시작합니다. 그 분노는 좀처럼 사그라지지 않아서 나중에는 수업에 집중하기조차 힘들어집니다. 누구나 자신이 중요하게 생각하는 일을 무시당하면 격한 감정이 끓어오르게 마련이지요.

그런데 이처럼 감정의 파도가 끓어올라서 견디기 힘들어졌을 때 한동안 자아를 버리고 마음을 무無의 상태로 만들면, 분노가 한순간에 사라지지는 않더라도 분노에 의한 생리적인 컨디션 저하가 서서히 줄어들다가 결국에는 사라집니다. 그다음, 더는 그 일에 집착하지 않으려고 노력하면 심리적으로도 안정을 찾을 수 있게 됩니다. 호수에 돌을 던졌을 때처럼 어떤 자극을 받으면 처음에는 커다란 감정의 일렁임이 생기지만, 시간이 지나면 평정을 되찾게 되지요.

나쁜 감정을 다스리고 나자, 이윽고 학생들이 수업 내용에 관해 검색하느라 스마트폰을 만지작거리는 경우도 있겠다는 생각이 들었습니다. 마침내 저는 수업 중에 스마트폰을 사용하는 것이 꼭 나쁘다고 단정할 수는 없다는 사실을 깨달았지요.

스마트폰으로 수많은 일을 처리하는 요즘 시대에는 대학생들에게 수업 시간에 스마트폰을 절대 만지지 못하게 하는 일이 쉽지 않습니다. 그렇다면 차라리 학생들의 자주성에 맡기는 편이 현명할 겁니다. 그래서 저도 완고했던 생각을 바꾸고 스마트폰 금지라는 규칙을 철회했습니다. 그러자 동시에 저의 고뇌도 자연스럽게 사라졌습니다.

이 밖에도 아집을 깨부수는 일의 놀라움은 더 있습니다. 바로 생리적인 고통을 완화하는 효과입니다.

생리적인 고통은 때로 매우 복잡합니다. 아픔 자체를 제거해도 자아라는 관념에 기인한 고뇌가 섞이면 단순한 생리적 질병보다 복잡한 증상이 나타나기도 하지요.

예를 들어 다리를 다친 경우, 상처의 아픔은 단순히 생리적인 아픔이기 때문에 굳이 자아를 끌어들이지 않아도 아프다는 사실에는 변함이 없습니다. 하지만 아픔을 느낌과 동시에 '왜 하필 나야?', '왜 이렇게 운이 없는 거야?'라며 자기도 모르게 부정적인 생각에 사로잡히게 됩니다. 급기야 상처를 입게 한 사람을 원망하게 되지요.

그런 생각에는 항상 자아라는 관념이 포함되어 있습니다. 단순한 생리적 고통에 이 관념이 섞이면 심경이 복잡하게 변화합니다. 그러면 부정적인 감정이 강해지고 아픔이 더 심해져 더욱 견디기 어려워집니다.

저는 대학 시절 우연히 역학易學의 대가가 진행한 강연을 듣고 순식간에 역학에 매료된 적이 있습니다. 저는 강연이 끝나고 선배 두 명과 함께 선생님께 가르침을 청하러 갔습니다. 선생님은 우리 셋을 위해 소규모 공부 모임을 열어주셨습니다. 그 뒤로 일주일에 한 번 오전에 주역에 관해 이야기하고 함께 점심을 먹은 뒤, 오후에는 차분한 마음으로 좌선을 했습니다.

그러던 어느 날, 좌선하고 있을 때의 일입니다. 마음은 고요한 물처럼 평온한데 오랫동안 가부좌를 하고 앉아 있었던 탓에 복사뼈가 아파서 표정이 일그러지기 시작했습니다. 시간이 지날수록 고통은 점점 심해져 갔습니다. 고통을 호소하는 제게 선생님은 다음과 같이 딱 한마디 말씀을 해주셨는데, 저는 이를 아직도 잊을 수가 없습니다.

"복사뼈의 아픔은 복사뼈에 맡기고, 자네는 자네가 해야 할 좌선을 하게."

매우 이상한 말이지만, 당시의 저는 깊이 생각하지 않고 그냥 그 말에 따랐습니다. 그 결과 어떻게 되었을까요? 놀랍게도 '나'와 아픔이 분리되기 시작했습니다. 물론 아프다는 사실에는 변함이 없습니다. 그 아픔은 '나의 아픔'이기 때문이지요. 하지만 '나'라는 관념과 '아픔'이 분리되자 아픔이 더는 방해꾼이 되지 못했고, 마치 바깥세상에서 일어나는 일처럼 나의 아픔을 냉정히 바라볼 수 있게 되었습니다.

어떤 일에도 원인은 없다

우리에게 떨리는 감동을 주는 흄의 회의 대상은 자아 외에도 더 있습니다. 바로 '인과因果'입니다. 즉 어떤 일의 '인과관계'에 대한 회의입니다.

비판적 사고를 하면서 오류를 식별하는 훈련을 할 때 나오는 오류 중에는 '우연의 오류'라는 것이 있습니다. 우리는 너무 쉽

게 두 가지 일을 인과관계로 묶어버리지만, 그것은 잘못된 판단
이라는 뜻입니다.

예를 들어 친구나 부모 자식 사이, 혹은 부부 사이가 안 좋아
지면 우리는 즉각적으로 어떤 원인을 찾으려고 합니다. 자신이
어떤 일에 대한 대처를 잘못한 탓에 관계가 악화됐다거나 상대
방과 성격이 안 맞는 탓으로 돌리곤 하지요. 하지만 인간관계는
단 한 번의 돌발적인 사건이나 성격 차이 때문에 망가지지는 않
습니다. 용납되지 않는 마음이 장기간 계속되거나 서로 혹은 어
느 한쪽이 참을 수밖에 없는 상황을 견디다가 서서히 상대방에
대한 감정이 줄어드는 것입니다.

어떤 개선책도 강구하지 않은 채로 한쪽이 인내의 한계에 다
다라서 포기하기로 했을 때는 이미 돌이키기 어렵습니다. 이때
관계 악화의 진짜 이유를 발견하지 못하면 문제는 더욱 심각해
집니다. 너무 쉽게 잘못된 원인에서 답을 찾게 되고, 그러면 그
뒤의 인간관계에서도 같은 일을 반복할 수밖에 없기 때문입니
다. 남과 자주 갈라서본 사람이 자신은 지금껏 나쁜 사람들만
만났다고 생각하곤 하는 것도 이 때문입니다.

이처럼 경솔하게 인과관계를 엮어서 잘못된 지식을 만들어
내는 일은 일상에서도 쉽게 찾아볼 수 있습니다. 그럴 때는 회
의적 정신을 가지고 그릇된 지식에서 비롯된 잘못된 생각과 선
택을 줄이는 것이 중요합니다. 이런 경우의 회의는 데카르트적
인 회의라고 할 수 있습니다. 데카르트의 주장에 따라 온갖 것

을 한 번씩 의심하기 시작하면 인과관계를 경솔하게 엮음으로써 얻은 지식도 당연히 회의의 대상이 됩니다.

하지만 흄의 인과에 대한 회의는 데카르트의 회의와는 다릅니다. 사실 이는 데카르트조차도 상상하지 못했을 내용입니다. 그러니 우리같이 평범한 사람들이 생각하기 어렵다는 사실은 말할 것도 없지요. 흄이 의심한 것은 바로 '인과는 정말로 존재하는가?'입니다.

흄의 이 회의를 올바르게 이해하기는 상당히 어렵습니다. 저는 대학에서 수업할 때도 매번 흄의 인과에 대한 회의는 우연의 오류를 지적하는 것이 아니라, 인과 자체를 의심하는 것이라고 강조해왔습니다.

하지만 학생들은 자주 오해하고는 합니다. 설령 수업 시간이나 시험 때까지는 올바로 이해하고 있었다고 하더라도, 시간이 좀 지나면 도로아미타불입니다. 시간이 조금 지난 뒤 수업 시간에 다시 흄의 회의에 대한 이야기를 꺼내면 마치 뇌 안에 변환기가 있어서 자동으로 그 본질을 변환시킨 것처럼 잘못된 해석이 튀어나옵니다.

왜 이런 현상이 일어날까요? 아마도 우리에게 인과에 따라서 사고하는 습성이 있고, 그 인과관계에 설득당하고 있기 때문일 겁니다. 하지만 흄의 생각을 따라서 온갖 일에 개방적인 마음을 가지고 소크라테스가 역설한 무지의 지를 떠올리면, 세상에 우리가 모르는 지식이 어느 정도 있는지를 측정하는 일은 절대로 불가능하다는 사실을 통감하게 될 겁니다.

예를 들어 현재 우리가 알고 있는 우주의 실체는 극히 일부에 불과하고, 지금 가지고 있는 지식이나 직감만으로 판단하기에는 역부족입니다. 그런 현실에 근거해서 이성적으로 생각하면, 인과의 존재를 의심해볼 가치는 충분히 있습니다. 그리고 일단 인과가 정말로 존재하지 않는다면 우리는 우주에 대한 인식도 처음부터 다시 정립해야 합니다.

흄을 포함한 경험주의 학파의 사람들은 온갖 지식의 근원이 '경험'이라고 주장합니다. 그리고 흄은 인과에 관한 지식을 검증하면서 사람은 소위 인과관계라고 불리는 경험을 한 적이 결코 없다는 사실을 깨달았습니다. 기껏해야 '모든 일에는 항상 전후 관계가 있다'라고 할 정도의 경험인데, 우리는 그 전후 관계를 쉽게 인과와 결부시켜서 어떤 일이 다른 일의 발생을 이끌었다고 인식하는 것이지요.

흄은 이에 대해 인과라는 관념은 대체 어디서부터 오고 인과는 과연 관찰할 수 있는 대상인지를 생각했습니다. 이후 그는 "그것을 확인할 방법은 없다"라는 결론을 내렸습니다.

우리는 어떤 인과든지 그것을 감각기관에 의해서 지각하지 않습니다. 그런데도 인과라는 관념은 언젠가부터 우리의 사고 안에 나타났고, 우리도 이를 당연한 것처럼 활용합니다. 일상생활에 적용하는 것은 물론, 세계나 만물에 대한 인식까지 만들어 냈지요. 하지만 일단 그 근원을 찾으려고 하면 인과는 그 자체가 의심할 만한 것이라는 사실을 알게 됩니다.

물론 흄은 "인과관계는 존재하지 않는다"라고 말하지는 않았습니다. 인과도 자아와 마찬가지로 감각기관에 의해서 관찰된 적이 없기 때문에 그 존재가 의심스럽다고 말한 것뿐입니다.

하지만 설령 흄이 상당히 합리적인 이유를 들어서 인과관계의 의심스러움을 역설했다 하더라도, 많은 사람은 이를 받아들이지 못할 뿐 아니라 이를 이해하는 일조차 어렵게 느꼈을 것입니다. 실제 예를 통해 이 문제를 생각해봅시다.

당신이 지금 한 손에 펜을 들고 책상에 앉아 있다고 해봅시다. 당신이 손가락을 펴면 펜은 책상 위로 떨어질 겁니다. 이때 누군가가 펜이 떨어진 이유를 물으면 당신은 "내가 손을 펴서 펜이 책상 위로 떨어졌다"라고 대답할 겁니다. 즉 '내가 손을 편다'가 원인이고 '펜이 책상 위로 떨어진다'가 결과인 것처럼 인과관계를 연결합니다.

하지만 흄에 따르면, 우리의 감각기관에 의한 지각은 손을 편 일과 펜이 책상 위에 떨어진 일이 전후로 일어났다는 사실을 관찰한 결과일 뿐이고, 그 전후 관계만으로는 인과관계가 성립되지 않습니다. 왜냐하면 인과는 명백하게 전후보다도 많은 내용을 포함하고 있으며, 두 가지 일 사이에 특수한 관계성이 있다는 사실을 보여주기 때문입니다.

하지만 그런 관계성을 관찰할 방법은 없습니다. 따라서 우리는 그저 있어야 마땅한 것이라는 태도로 그 관계성을 해석하는 것에 불과합니다. 그래서 이론보다 증거가 중요하다는 과학적인 입장에서 이 사건을 본다면, 거기에 인과라는 연관성이 있다는 사실을 뒷받침할 만한 명백한 증거는 없습니다.

어쩌면 펜이 떨어진 진짜 원인은 손을 폈기 때문이 아니라 인력 때문이라고 반론하는 사람도 있을지 모릅니다. 누군가는 아인슈타인의 상대성 이론을 끌어들여서 진짜 원인은 뉴턴의 인력이 아니라 공간의 뒤틀림이라고 주장할지도 모릅니다. 지구가 공간에 뒤틀림을 발생시켰고, 펜은 그냥 그 뒤틀린 공간을 직선적으로 전진해서 떨어졌다고 말이지요. 이 두 가지 회의는 상당히 훌륭하지만, 양쪽 모두 진짜 인과가 어디에 있는지를 탐구하는 데카르트식 회의에 속합니다.

한편 흄은 인과관계가 존재한다는 근본적인 부분까지 의심했습니다. 그의 주장에 아마도 '반드시 어떤 원인이 있을 것이다'라고 응수하고 싶은 마음이 들 것입니다. 그렇지 않다면 펜이 멋대로 떨어질 일은 없을 테니까요. 이런 마음은 우리 사고 안에 자리 잡은 뿌리 깊은 인과관을 여실히 드러내 보입니다. 이렇게 사고하는 방식에 너무나 익숙해진 나머지, 이제 와서는 인과관에 의지하지 않고는 어떻게 생각해야 좋을지 모를 정도입니다.

하지만 이 세계의 진면목은 우리가 직관적으로 파악하거나 습관적인 사고를 통해 이해할 수 있는 것이 아닙니다. 우주의 진리가 우리의 이성으로 파악할 수 있는 범위를 넘어서 있다 하더라도 전혀 이상할 것이 없습니다. 그렇다면 인과를 배제하고 펜이 떨어지는 현상을 이해할 수 없는 걸까요?

그렇다고 단정할 수는 없습니다. 만약 습관적인 세계관을 버리고 위험을 무릅쓰고 상상력을 감옥에서 해방하면, 모든 현상에 원인이 없더라도 전혀 이상하지 않다는 사실을 깨달을 겁니다. 과학의 세계에서도 우주의 시작이 된 빅뱅에는 원인이 없다는 사실을 많은 사람이 인정하고 있습니다. 이성적으로 '원인이 없어도 우주는 탄생했다'라는 사실을 받아들이면서 펜이 떨어진 일에 원인이 없다는 사실에 왠지 모를 찜찜함을 느끼는 것은 말이 안 됩니다.

인과가 그저 습관적인 사고에 불과하고 애초에 존재하지 않는다면, 이 세상에 받아들이기 어려운 일 따위는 없습니다. 여기에 덧붙여 소크라테스가 말한 무지의 지라는 지혜를 활용하면 스스로는 짐작조차 할 수 없는 관계성을 무한하게 발견할 수 있고, 이를 사용해서 '손을 편 것'과 '펜이 떨어진 것'의 관계성을 얼마든지 설명할 수 있습니다.

다시 말해 인과란 그 무한한 관계성 가운데 하나에 불과합니다. 우리가 인과관에 집착할 만한 합리적인 이유 없이 그저 습관적으로 이를 사용해서 세계를 해석하려고 했던 것일 뿐, 그것이 우주의 진리라고는 할 수 없으니 말입니다.

흄의 이러한 회의는 세상 사람들이 완전히 익숙해져 있는 세계관을 깨뜨렸습니다. 또한 그의 회의는 깨부수는 일, 즉 '집착을 깨고 번뇌에서 해탈한다'라는 명제가 주요한 사고의 절차라고 여긴 불교의 이론을 초월했습니다.

일반적으로 불교는 인과의 존재를 긍정하고, 인과응보는 필연이며 우리는 거기에서 벗어날 수 없다고 말합니다. 중관파中觀派라고 하는 불교 학파가 '일체개공一切皆空(모든 현상에는 불변하는 실체가 없다는 가르침-옮긴이)'을 주장하며 온갖 일을 부정하려는 시도를 하긴 했지만, 인과를 완전히 부정할 것인가를 둘러싸고는 수많은 논쟁이 있었습니다.

그럴 만도 합니다. 인과응보가 없어지면 불교를 불교라고 할 수 있을까요? 하지만 결과적으로 이 논쟁은 더욱 뛰어난 지혜를 추구하는 계기가 되었고, 선종에서 '불매인과不昧因果(인과에 어둡지 않다는 뜻-옮긴이)' 이야기가 생겨나는 등 불교 이론의 발전을 촉진했습니다.

지금으로부터 3000년도 더 된 오래전의 어느 날, 설법을 마친 백장스님에게 여우의 모습을 한 노인이 나타나 자신이 살아온 이야기를 하기 시작했습니다. 그는 자기 자신을 아주 오랜 옛날에는 산속에서 수행을 하던 스님이었다고 소개했습니다. 스님 시절에 누군가가 "수행을 거듭하여 깨달음을 얻은 사람이라도 인과에 떨어집니까?"라고 질문하여 "불락인과不落因果(떨어지지 않는다는 뜻-옮긴이)"라고 대답했는데, 잘못된 대답을 한 탓에 사람을 속였다 하여 여우의 몸이 되었던 것입니다.

아무리 생각해도 이해할 수가 없습니다. 수행한 사람도 인과에 휩쓸린다면 수행을 하는 의미가 없는 게 아닐까요? 이 이야기를 들은 백장스님 역시 왜 '불락인과'가 정답이 아닌지 도무지 이해할 수 없었습니다. 여기서 인과란 인과응보를 뜻합니다. 이 말에 따르면, 원인이 있기 때문에 결과가 있습니다. 무슨 일을 하든지 반드시 원인이라고 하는 씨앗이 뿌려지고, 그 원인이 어떤 결과를 가져오는 것입니다.

이런 인과 안에서 사람은 육도윤회六道輪廻(중생이 자신의 업인에 따라 천도 · 인도 · 수라 · 축생 · 아귀 · 지옥의 육도 세계를 끊임없이 윤회한다는 사상-옮긴이)를 반복한다고 합니다. 하지만 수행을 통해 깨달음을 얻은 사람은 그 육도윤회를 빠져나온 사람이기 때문에 인과의 영향이 미치는 범위에 들어 있지 않거나 영향을 받지 않는 '불락인과'여야 합니다. 그렇다면 왜 그 생각이 잘못되었다는 걸까요? 이 이야기 속에서 백장스님이 여우에게 준 대답은 앞서 이야기한 '불매인과'였습니다. 이를 듣고 큰 깨달음을 얻은 여우는 예를 표하며 떠났다고 합니다.

이는 선종의 '백장스님과 여우'라는 공안公案(선종에서 참선자에게 내는 과제-옮긴이)입니다. 이 일화는 무엇을 이야기하려는 걸까요? 역사적으로도 수많은 승려가 다른 해석을 했습니다.

흄의 시점에서 이 공안을 탐구하면 '인과에 집착해서는 안 된다'라는 답을 찾을 수 있습니다. 하지만 이는 해답이 아니라 일종의 태도입니다. 한편 해답과 태도의 차이에 집착하지 않는다면 그것도 하나의 해답이라고 할 수 있습니다. 이는 흄다운 회의이며, 결코 부정이 아닙니다. 게다가 그런 해답은 직감이 언어의 세계를 넘지 않는 이상 이해할 수 없기 때문에 이를 말로 전달하는 일은 불가능합니다.

잠시 소크라테스에게 배웠던 '무지의 지'라는 지혜를 떠올리며 지금 가지고 있는 지식의 바깥쪽을 자세히 들여다봅시다. 그러면 아직 자신이 알지 못하는 일이나 언어로는 표현할 수 없는 세계가 존재한다는 사실과 마주하게 되고, 언어도 문자도 아닌 그저 몸으로 느낄 수밖에 없는 정체 모를 해답이 마음속에 흘러 들어올 겁니다. 이는 현재 우리가 가진 언어나 문자로 표현할 수 있는 수준을 초월한 것인데, 어쩌면 진리란 바로 그런 것일지도 모릅니다. 설령 그 해답이 해답같지 않을지라도 문자적 해석에 집착하지 않고 생활의 지혜로 활용하면, 분명 철학적 사고도 이성의 바깥세상으로 전진할 수 있겠지요.

그런 식으로 세계 탐험에 나선 우리는 과연 무엇을 발견하게 될까요? 어쩌면 이미 많은 사람이 그 세계에 도달해서 자신이 발견한 것을 공유하고 있지는 않을까요?

하지만 이는 언어로 명확하게 설명할 수 있는 수준을 초월하기 때문에 공유하기는 어려울 것 같습니다. 관심이 있다면 한번 스스로 발을 내디뎌 보시기 바랍니다.

하루히코가 묻다

선생님께서 마지막 페이지에 쓰신 '그저 몸으로 느낄 수밖에 없는 정체 모를 해답'은 우리가 일상에서 만나는 예술, 소설이나 시, 영화, 클래식 등의 음악이 표현하고 있는 건 아닐까요? 루트비히 요제프 요한 비트겐슈타인Ludwig Josef Johann Wittgenstein이 자신의 논고에서 말한 '논할 수 없는 것'도 바로 이를 가리키고 있는 걸까요?

지지엔즈가 답하다

사람은 어떤 특별한 실천을 통해서 새로운 경험을 획득합니다. 그리고 새로운 경험은 새로운 지식을 형성하지요. 그 지식을 이 세상에 존재하는 말로 표현할 수 없으면 실천자는 그 경험을 하지 않은 타인과 그 지식에 대해 함께 이야기할 수 없습니다.

예술이나 소설 등의 경험도 그 영역에 포함되는데, 이런 미학의 종류에 속하는 경험은 함께 나눌 수 있는 사람이 비교적 많을지도 모릅니다. 비트겐슈타인은 "논할 수 없는 것에 대해서는 침묵해야 한다"라고 말했습니다. 제가 말하는 것이 바로 그것입니다.

"인식이 대상을 따라가는 것이 아니라 대상이 인식을 따라간다."

이마누엘 칸트(Immanuel Kant, 1724~1804)

독일의 철학자. 사람은 진짜 사물, 즉 물자체物自體를 볼 수 없으며 자신의 인식
으로 물자체와는 다른 대상을 구성해서 이를 '현상'으로 여긴다고 생각했다.

보이는 모든 것을
그대로 믿지 마라

인생이라는 관점에서 보면 회의는 위험한 결정을 막고, 고집에 의한 고뇌에서 벗어나는 데 유용할 듯합니다. 하지만 회의 때문에 중요한 선택을 해야만 하는 상황에서 어찌할 바를 몰라 당황하게 되는 경우도 있습니다. 이럴 땐 어떻게 해야 할까요?

수업할 때 저는 철학을 전공하는 학생들에게 자주 이런 이야기를 합니다.

"철학을 배우는 것은 매우 좋은 일이지만, 철학밖에 모르는 '철학 바보'가 되어서는 안 됩니다. 철학 외의 다양한 분야로도 관심의 폭을 넓히세요. 이런 행동은 인생에 도움이 될 뿐만 아니라 철학의 우수성을 발휘해서 보람 있는 삶을 살 수 있도록 이끕니다."

그러면 매번 마치 마법에라도 걸린 듯이 교실이 차가운 공기에 휩싸이고 학생들은 쥐 죽은 듯 조용해집니다. 수업을 듣는 학생들 대부분은 자신의 미래가 보이지 않아 답답하고, 머릿속 풀리지 않는 의문을 해결하고자 철학을 전공하고 있는데, 철학과 교수인 제가 그렇게 말하니 더욱 혼란스러움을 느꼈을 것입니다. 혹은 다른 전공을 공부해보려는 생각은 있지만, 무엇을 어떻게 해야 할지 몰라 고민이 됐을지도 모릅니다.

이는 비단 철학을 전공하는 학생에게만 해당하는 이야기가 아닙니다. 취직에 유리하다는 학과의 학생들도 난관에 부딪히는 경우가 있습니다. 전공 분야에 대한 흥미를 잃었거나, 그 분야로는 모든 걸 해결할 수 없다는 사실을 깨달았을 수도 있겠지요. 혹은 장래에 어떻게 하면 좋을지 아무리 고민해도 해답을 찾지 못해 방황하는 이도 많을 겁니다. 그 해답을 찾기 위해 철학 수업을 들어보는 학생도 적지 않습니다.

그런데 막상 뚜껑을 열어보니 회의의 연속 공격이 덮쳐옵니다. 어떤 학생도 이러리라고는 꿈에도 생각지 못했겠지요. 데카르트(이성주의)의 회의에 의해서 자아만이 남겨지고, 흄(경험주의)에 이르러서는 철저한 회의를 향해 달리더니, 믿고 의지했던 지식의 기초마저 깨지고 맙니다.

우리가 기억해야 할 것은 철학의 기원은 호기심이라는 점입니다. 그리고 데카르트가 "회의는 수단이며 진리야말로 목적이다"라고 말한 것처럼, 철학의 목적은 삼라만상의 진리를 추구하는 일입니다. 회의의 가치는 주로 독단을 깨부수는 데 있지만, 많은 사람이 사고하면서 직면하는 문제는 독단보다는 자신감의 결여입니다. 곤란한 국면에서 어떻게 하면 좋을지 몰라 난관에 부딪혀도 자신을 안심시켜줄 만한 생각을 찾아낼 수 없는 것이지요.

이번에 설명하려는 칸트는 18세기 독일의 철학자입니다. 흄의 저서를 읽고 "독단의 선잠에서 깨어났다"라고 선언한 칸트는 회의의 심연에 빠지지 않았습니다. 칸트는 독단을 피하면서 회의에서 빠져나올 방법을 필사적으로 모색하고, 새로운 철학 체계를 수립하기 위해 노력했습니다. 이는 인생의 불확실한 기초 위에 서서 최선의 해답을 찾는 일이기도 하지요.

칸트의 업적은 철학사에서 중요한 위치를 차지합니다. 칸트는 절대적인 진리를 고집하지 않음으로써, 상대적으로 굉장히 신뢰할 만한 철학 사상을 낳았습니다. 이제 칸트가 주는 지혜의 세계로 빠져들어 볼까요?

우리가 알고 있는 세계는 진짜가 아니다

소크라테스의 철학을 비롯하여 흄에 이르기까지 서양 철학은 이성적인 사고를 매우 중시하는 경향이 있었습니다. 즉 이성에 기반을 두면 근본적인 모든 문제에 답할 수 있다고 인식했지요. 하지만 흄은 이성을 철저하게 의심하고, 그 전통을 파헤쳤습니다. 그 후에 등장한 칸트는 "이성을 어떻게 파악하면 좋을까?"라는 의문을 품고, 이에 대해 더욱 합리적인 사고방식을 발견한 뒤 『순수이성비판』을 집필했습니다.

우선 칸트는 흄의 회의에 찬동했습니다. 하지만 '모든 지식은 경험에서 온다'라는 관점은 받아들이지 않았습니다. 그는 플라톤이나 데카르트처럼 지식(예를 들어 인과)이 선천적인 것으로 생각했습니다. 선천적인 것이 아니라면 우리가 그런 지식을 배제하지 않는 원인이나, 다른 문화 아래에서 태어나고 자란 사람이 공통의 관념을 가지고 있는 까닭을 설명할 수 없다는 이유에서였습니다. 실제로 칸트의 주장은 현대의 심리학에서도 상당히 많은 지지를 받고 있습니다. 언어나 지식을 아직 습득하지 못한 아기에게도 선천적인 지식이 갖춰져 있다는 사실이 현재도 계속해서 밝혀지고 있지요.

예를 들어 아기가 구슬을 가지고 놀다가 구슬이 어디론가 굴러가서 더는 보이지 않게 되었을 때, 아기는 흥미로운 듯이 구슬이 사라진 장소를 계속해서 바라보고 때로는 찾으려 들기도 합니다. 이는 아기에게 '물체는 이유 없이 사라질 리가 없다'라는 지식이 갖춰져 있다는 사실을 보여줍니다. 그 외에 삼차원 공간의 인식 능력 등도 선천적인 지식이라고 할 수 있습니다.

그런데 선천적인 지식은 정말 올바른 걸까요? 그 점에 대해서 칸트는 플라톤이나 데카르트와는 반대로 "반드시 올바르다는 보장은 없다"라고 주장했습니다.

그는 선천적인 지식이 올바르다고 증명할 수 있는 합리적인 근거가 전혀 없다는 점을 이유로 들었습니다. 칸트는 인과라는 지식을 선천적이라고 인정했지만, 그것이 반드시 세계의 참모습은 아니라고 했습니다.

현대 과학 역시 그 견해를 지지하고 있습니다. 아인슈타인의 상대성 이론에 따르면, 우리가 선천적으로 갖추고 있는 삼차원 공간에 대한 인식 능력도 잘못되어 있습니다. 이 세계는 실제로는 사차원이며, 물리학 이론에 따라서는 더욱 고차원이 존재한다는 설도 있기 때문입니다.

그렇다면 선천적이기는 하지만 올바르다는 보장이 없는 '이것'의 정체는 도대체 무엇일까요? 칸트는 우리가 세계를 인식하는 형식(인식 형식)을 선천적으로 갖추고 있다고 생각했습니다. 그는 인과의 지식도 그 일부이며, 시간이나 삼차원 공간을 인식하는 것 역시 선천적 인식 형식에 포함된다고 말했습니다.

이 관점에 따라서 말하자면, 우리는 진짜 세계를 인식하는 것이 아니라 진짜 세계의 온갖 정보를 인식 형식에 끼워 넣어서 세계를 이해하는 셈입니다. 즉 우리가 알고 있는 이 세계는 선천적인 인식 형식을 통해서 만들어진 세계일 뿐, 진짜 세계의 모습은 아니라는 말입니다. 이에 따르면 인류는 선천적인 인식 형식에 의해 반영된 세계밖에 알 수가 없고, 진짜 세계를 아는 일은 영원히 불가능합니다.

"너무 기뻐해서는 안 된다. 그것은 진짜 다이아몬드가 아니다.
당신도 진짜 당신이 아니다. 세계도 진짜 세계가 아니다."

삶을 바꾸는 생각의 조건

니콜라우스 코페르니쿠스Nicolaus Copernicus는 "우리 눈에는 태양이 지구 주위를 돌고 있는 것처럼 보이지만, 실제로는 지구가 돌고 있다"라고 주장했습니다. 이와 같은 관점의 혁명적인 전환을 '코페르니쿠스적 전환'이라고 말합니다. 칸트 역시 이런 놀라운 관점을 제시했습니다. 그는 우리가 지금 눈앞의 세계를 인식하고 있다고 굳게 믿고 있지만, 실제로는 인식 형식이 밖에서 가져온 정보를 우리가 분별하고 판단할 수 있는 형식으로 변환한 것에 따라서 세계를 해석하고 있다고 생각했습니다.

인과관계의 인식 형식에 대해서 좀 더 자세히 설명해보겠습니다. 우리는 세계가 인과관계에 의해서 형성되어 있다고 생각하지만, 사실은 인과의 인식 형식을 사용해서 세계를 보고 있는 것에 지나지 않습니다. 달리 말하자면 우리가 인식하고 있는 세계는 인식 형식이 외부의 정보를 원료로 삼아 가공하고 제조한 세계라는 것입니다. 칸트는 이 생각에 '코페르니쿠스적 인식의 전환'이라는 이름을 붙였습니다.

이처럼 칸트는 철학 체계를 부정했지만, 새롭게 만들어내기도 했습니다. 즉 우리가 인식하는 세계를 부정하는 데서 그치지 않고 한 걸음 더 나아가서 인식 형식에 기반한 새로운 지식을 구축했습니다. 그래서 "우리는 진짜 세계를 인식할 수 없다"라고 주장한 칸트의 철학은 '회의주의'에 해당하지 않는 것입니다. 그의 철학은 이성의 한계를 깊이 생각하고 우리가 파악할 수 있는 것의 본질을 이해하여 알려고 한 하나의 사상으로 분류됩니다.

이런 인식 형식은 일종의 색안경이라고 할 수 있습니다. 우리는 그 색안경을 통해서 세계를 봄으로써 세계를 이해 가능한 모습으로 완성하고, 그대로 인식합니다. 물론 형식이든 색안경이든, 인식 방법을 그렇게 쉬운 말로 비유하는 것은 안이하다고 할 수밖에 없습니다. 왜냐하면 우리는 진짜 세계의 모습을 알 방법이 없고, 일부 인식 형식을 알고 있는 것에 불과하기 때문입니다. 어쩌면 대부분을 깨닫지 못하고 있을지도 모르지요. 따라서 이를 어떤 식으로 비유하는 것이 적절할지를 논하기란 상당히 어려운 일입니다.

어쨌거나 칸트의 철학을 생활 속에서 응용하면 세 가지 인생의 지혜를 발견할 수 있습니다. 첫 번째는 한계를 아는 지혜, 두 번째는 색안경을 활용하는 지혜, 세 번째는 최선의 해답을 찾는 지혜입니다.

한계를 인식하라

칸트는 이성에 대해 깊이 생각하면서 인식 형식이란 사실 이성적 사고가 도달할 수 있는 한계라는 사실을 깨달았습니다. 왜냐하면 우리의 사고는 그런 형식을 초월하기가 불가능하기 때문입니다. 예를 들어 우리는 시간에 속하지 않는 존재나 공간 안에 없는 물체, 혹은 인과관계가 없는 세계를 상상하기 어렵습니다. 그렇다고 해서 시간이나 공간, 그리고 인과관계에 의해서 구성된 세계가 틀림없이 진짜 세계라고 단정할 만한 근거도 없습니다. 그렇다면 우리는 영원히 세계를 이해할 수 없다는 결론이 납니다.

칸트 이전의 철학자들은 대부분 이성을 통해서 신의 존재를 논리적으로 서술하려고 했습니다. 하지만 이성에 대해서 깊이 생각한 칸트는 다음과 같이 주장했습니다.

"신의 정의는 무한하며 영원하기 때문에 시간과 공간을 초월해 있지만, 시간과 공간은 우리가 삼라만상을 이해하기 위한 인식 형식이기 때문에 우리는 이 인식 형식을 초월해서 사고할 수 없다. 즉 애초에 우리는 신을 이해할 수 없기 때문에 이해할 수 없는 것이 존재하는지 아닌지를 생각하는 일은 불가능하다. 우리가 신의 정의를 바꾸지 않는 한 신의 존재 여부에 대한 문제는 이성으로 토론할 수 있는 한계를 뛰어넘는다."

칸트의 말을 다시 한번 곱씹어볼까요? 우리에게는 신의 존재에 대해서 말할 방법이 없습니다. 그뿐만이 아니라, 설령 신이 진짜로 존재한다고 하더라도 우리의 상상을 뛰어넘는 존재인 신이 무엇을 생각하는지는 우리가 이해할 수 있는 범위를 넘어섭니다. 그런 관점에서 보자면 신의 대변자를 자청하는 사람들이 인류가 인식할 수 있는 범위 내에서 발전한 문자 언어를 사용해 신의 생각을 표현하는 것은 실로 황당무계한 일이 아닐 수 없습니다. 물론 신의 생각을 이해할 수 있는 사람이 존재할 가능성도 있지만, 설령 그렇다고 하더라도 그 한마디 한마디에는 수많은 전제와 숨겨진 맥락이 포함되어 있기 때문에 그것들을 제대로 파악하지 못한다면 신의 진짜 생각을 이해했다고 말할 수 없습니다. 또한 신의 의사를 전하는 데 그 문자 언어가 신의 보증을 받을 수 있을 만큼 정확하다고 하더라도, 받아들이는 사람이 신의 생각을 이해하지 못하면 신의 말은 그 사람의 머릿속에서 전혀 다른 것으로 변질할 가능성이 생깁니다. 백번 양보해서 신의 생각이 어찌어찌 전해졌다고 하더라도 누군가가 오해할 위험성이 큰 데다가 오해한 사람은 자신이 오해했다는 사실조차 깨닫기 어렵겠지요. 결국 신은 우리의 이성이 가진 한계의 바깥쪽에 존재한다고 정의하지 않는 이상, 이 문제를 뚫고 지나갈 방법은 없습니다. 그러고 보니 그런 신을 신이라고 부를 수 있을지 심히 의문입니다.

칸트의 '우선 한계를 생각한다'라는 사고방식은 일상생활에서도 도움이 됩니다. 그는 우선 기본적인 제약을 생각하고, 새롭게 무엇에 희망을 품으면 좋을지를 판단했습니다. 그리고 불가능한 환상을 떨쳐버리고, 헛수고로 끝날 만한 인생으로 향하는 것을 저지합니다. 그의 사고방식을 따라가면 추구할 가치가 있는 최고의 목표를 손에 넣을 수 있습니다.

장자莊子는 "우리 생명에는 한계가 있지만, 지식에는 한계가 없다. 생명의 유한함을 도외시하고 지식만 따르면 평안을 얻을 수 없다"라고 말했습니다. 모든 것을 알려고 하거나 자신이 알고 있는 것만을 보면서 스스로 모르는 것은 하나도 없다고 착각하는 사람에게는 이 말이 상당히 충격적으로 느껴질지도 모릅니다. 왜냐하면 장자의 말은 인생에는 끝이 있는데 지식에는 끝이 없고, 끝이 있는 인생에서 끝없는 지식을 추구하는 일은 헛수고라는 의미이기 때문입니다.

이제 한계를 받아들이고 지식을 구하는 방향을 수정해보면 어떨까요? 양보다 질을 중요하게 생각하고, 손에 넣은 지식을 인생의 지혜로 바꿔봅시다. 이런 의식이 싹트면 일종의 '무지의 지'를 획득한 것이나 다름없습니다. 자신이 보잘것없다는 사실을 인정하고 오만한 마음을 버리면, 자신이 추구해야 하는 일에 한층 더 전념할 수 있을 겁니다.

우리는 타인을 완전히 바꿀 수 없을 뿐 아니라 그를 이해하는 일조차 불가능합니다. 타인의 독특한 생각을 접하고 그 생각이 생겨난 이유를 분석하려고 하면, 그 배경에는 이성적인 요소와 그 외의 요소가 복잡하게 얽혀 있다는 사실을 알게 됩니다. 만약 상대방을 완전히 이해하려고 하면 생각의 대부분을 해석해야 하는데, 이는 거의 불가능에 가깝습니다. 타인을 이해하는 일은 그를 정면으로 마주한다기보다 에둘러서 슬며시 살피는 것이나 마찬가지여서 결국 자기 생각에 근거하여 타인을 해석하는 것밖에 할 수 없습니다. 타인의 신념이 자신의 신념과 동떨어져 있으면 엄청난 오해가 생길 수밖에 없지요. 그러므로 우리는 타인을 판단하려고 할 때도 '이 판정에는 많건 적건 간에 오해가 포함되어 있다'라는 사실을 자각해야 합니다.

시야 너머를 상상하는 힘

칸트가 알려주는 지혜로 얻을 수 있는 삶의 변화는 또 있습니다. 바로 죽음에 대한 두려움을 없앨 수 있다는 것입니다. 우리는 아무리 발버둥 쳐도 죽음에서 벗어날 수 없다는 사실을 알면서도 죽음을 두려워합니다. 심지어 죽음을 최대한 미루면서 '혹시 마주하지 않고 지나갈 수 있지 않을까?'라고 생각하며 무의식적으로 죽음에서 벗어나려고 합니다.

그래서일까요? 어느 날 갑자기 불치병에 걸려 죽음이 다가오고 있다는 통보를 받으면 대부분의 사람은 마른하늘에 날벼락을 맞은 것처럼 충격을 받습니다. 누구나 늦든 이르든 언젠가 죽음을 맞이할 날이 온다는 사실을 알고 있는데도 말이죠.

그럴 때 우리는 소크라테스의 무지의 지에 따라 '죽음은 공포의 대상이 아니다'라는 사실을 유추해볼 수 있습니다. 또 흄의 자아에 대한 회의에 따라 일단 자아를 내려놓으면 공포를 물리칠 수 있습니다. 그리고 칸트의 선천적인 색안경(지식 형식)을 힌트로 삼아 '죽음이 반드시 나쁜 것이라는 보장은 없다'라는 사실도 알 수 있습니다.

죽음을 두려워하는 것은 우리가 '무섭다'라는 생각의 색안경을 끼고 바라보기 때문입니다. 이에 더해 무서운 것이 나쁜 것이라고 여기기 때문에 자연스레 죽음은 무섭고 나쁜 것이라고 생각하게 됩니다.

하지만 그 인식에는 아무런 근거도 없습니다. 왜냐하면 살아 있는 사람은 죽음을 경험하지 않았고, 죽은 사람은 죽음의 진상을 우리에게 말할 수 없기 때문입니다. 따라서 이성적으로 생각하면 '죽음은 나쁜 것'이라는 관념은 선천적인 색안경에 의한 것뿐이라는 사실을 알 수 있습니다. 그리고 그 관념이 올바른지 아닌지 우리로서는 전혀 가늠할 수 없습니다.

만약 우리가 그 색안경의 작용을 발견하지 못하면 '죽음은 나쁜 것'이라는 관념을 당연하다고 간주하고, 본능적으로 죽음에 저항하고 거부하며 어떻게든 죽음에서 벗어나려고 할 겁니다. 하지만 칸트가 전해준 인생의 지혜에 따라서 생각하면 그 인식은 변합니다. 죽음 자체는 나쁜 것이 아니며 스스로 죽음의 인상을 왜곡하고 있다는 사실을 깨닫고, 그 인식이 정말로 올바르리라는 보장은 없다고 생각하게 될 테니까요.

그뿐만이 아니라 칸트의 지혜는 인생의 성패에 얽힌 관념을 바꿔주기도 합니다. 사람은 부와 성공, 행복과 쾌락을 추구하는 경향이 있습니다. 게다가 당연한 듯이 인생의 성공과 실패를 재는 색안경을 끼고 있습니다.

우리는 자신이 원하는 것을 손에 넣지 못하면 실패한 인생이라고 생각합니다. 하지만 칸트의 철학을 바탕으로 생각하면 그것 역시 색안경의 세계관일 뿐이라는 사실을 알 수 있습니다. 우리가 모르는 진짜 세계에서는 그런 가치관이 올바르리라는 보장이 없습니다.

부유하지 않고 성공하지 못했고 특별히 행복하지 않아도 실패한 인생이 아니라면, 인생의 최종적인 답은 과연 무엇일까요? 이 문제는 마치 진짜 세계를 이해하려고 할 때처럼 우리가 가진 인식의 한계를 넘어서 있습니다. 그럴 때 색안경이라는 지혜를 기반으로 생각하면, 다양한 가치관의 불확실한 기초를 깨닫고 속박에서 쉽게 벗어날 수 있습니다. 설령 올바른 인생을 찾지 못하더라도 방향성을 재검토해서 가장 자기다운 인생을 찾을 수 있지요.

어떤 사람은 인생이 흑백이라고 하고, 또 어떤 사람은 인생이 컬러라고 말합니다. 과연 어느 쪽이 정답일까요? 칸트의 철학에 따르면 인생의 진상은 이성에 제한되어 있습니다. 우리는 이 인생에서 벗어날 수 없는 데다가 비교할 능력도 없기 때문에 이 의문에 영원히 답할 수 없습니다. 하지만 양쪽 모두 분명히 색안경에 좌우되고 있습니다. 우리가 흑백 안경을 끼면 인생은 자연히 흑백이 됩니다. 반대로 다채로운 인생을 원한다면 컬러 안경을 껴야 합니다. 즉 인생이 어떤 것이냐는 우리가 어떻게 바라보느냐에 따라 달라집니다.

많은 사람이 습관적으로 흑백 안경을 끼고 비관적인 시선으로 세상을 바라봅니다. 그것이 계속되면 아리스토텔레스가 말한 것처럼 그 습관에 의해서 내재적인 성질이 길러집니다. 그리고 그 내재적인 성질은 우리를 행복이 아닌 불행으로 이끕니다. 반대로 시점을 전환해 세상을 보는 방법을 배우고 습관을 바꾸면 흑백 안경 때문에 불행해진 인생을 역전시킬 수 있습니다.

감정 역시 어떤 일의 좋고 나쁨을 판단하는 색안경이 됩니다. 그리고 불쾌한 일은 무조건 나쁜 것으로 판단하기 쉽습니다. 예를 들어 자신은 하고 싶어도 할 수 없는 일을 돈이나 재능, 능력이 있는 사람이 하는 것을 봤을 때 우리 마음에는 질투라는 감정이 솟아납니다.

질투는 사람을 불쾌하게 하고, 무의식중에 질투를 불러일으킨 상대를 나쁜 사람이라고 단정하게 합니다. 그리고 그 나쁜 사람에게 재난이 닥치면 유쾌한 마음이 듭니다. 대중은 술을 마시고 낡아빠진 차를 운전해서 사고를 낸 사람보다 술을 마시고 고급 승용차를 몰다가 사고를 낸 사람을 더욱 모질게 비난합니다. 남을 강하게 비난하면서 본인 스스로 정의감이 넘치기 때문이라고 믿지만, 사실 이는 질투심에서 비롯된 행동입니다.

연인끼리 이별을 결심했을 때도 마찬가지입니다. 헤어지기 싫은 사람은 그 충격을 받아들이지 못하고 차였다는 사실을 최악의 사건으로 생각합니다. 그리고 최악의 사건을 일으킨 상대방을 나쁜 사람으로 여기고, 그 사람이 눈앞에서 당장 사라져버리기를 바라고 그가 불행해지기를 원합니다.

이처럼 부정적인 감정에 의해서 만들어진 색안경은 우리에게 잘못된 판단을 내리게 합니다. 칸트 철학의 지혜를 사용해서 이 모든 감정이 색안경이 가져온 인식이라는 사실을 이해할 수 있다면, 앞으로는 세찬 감정에 휩쓸리는 일이 없어질 겁니다.

불확실한 세상에서 최선의 해답을 찾으려면

그런데 여기서 한 가지 의문점이 생깁니다. 선천적인 색안경을 뺀 다음에는 무언가 확실한 것이 남을까요? 만약 남지 않는다면 어떤 식으로 살아가야 할까요? 방향을 잃어버렸을 때는 새로운 방향을 찾아서 목표로 삼으면 되지만, 새로운 방향조차 찾지 못하면 실망하고 허무감에 사로잡히게 됩니다. 공허한 마음이 지속되면 민들레 홀씨처럼 목적지도 모른 채 막막함 속에서 인생을 표류하게 되지요.

하지만 이것 역시 색안경을 끼고 본 인생관이라고 할 수 있습니다. 현재를 살면서 생명이라는 존재의 아름다움을 느낄 수 있다면 굳이 목표 같은 것이 필요할까요? 사람이 선천적으로 목표를 원하는 이유는 그야말로 색안경을 끼고 있기 때문입니다. 우리는 이에 따라야 할까요? 아니면 선천적인 색안경을 인생을 살아가는 데 필요한 하나의 요소로 잘 활용해서 이상으로 삼을 만한 인생의 형태를 구성해야 할까요?

잘 생각해보시길 바랍니다. 우리가 잠시나마 모든 색안경을 뺄 수 있다면 커다란 자유를 느끼게 되지 않을까요? 칸트의 철학이 말하듯이 우리는 비록 세계의 진상을 이해할 순 없지만, 불확실함 가운데서도 유익한 정보를 가려내고 상대적인 확실함을 구성할 수는 있습니다. 그리고 이 불확실한 기초라는 조건 아래서 합리적인 해답을 찾을 수도 있습니다.

우리가 확실한 것을 붙잡을 방법은 없다는 전제하에 생각해보면, 이성을 발휘해서 상대적으로 합리적인 해답과 처리 방법을 탐구하는 일은 불확실한 인생에서 가장 중요한 사고 능력이라고 할 수 있습니다.

이 세상에 자신감을 가지고 사는 사람은 그리 많지 않습니다. 만약 본래 자신감이 부족한 사람이 데카르트나 흄이 주장하는 회의에 관한 책을 읽으면 점점 더 자신감이 없어지고, 나중에는 생각하기를 그만두게 될지도 모릅니다. 그러다 보면 구체적인 방향성을 찾고 싶다는 열망 때문에 그냥 타인의 의견에 따르고 싶어지기도 하지요.

하지만 결정을 타인에게 맡기려고 할 때는 그 사람도 나와 마찬가지로 잘 모른다는 사실을 명심해야 합니다. 특히 그 사람이 근거 없는 자신감을 가졌을 경우, 그 사고 능력은 변변치 못할 것이 뻔합니다. 왜냐하면 그 사람은 자신의 사고가 곤경에 빠졌다는 사실조차 모르고 있기 때문입니다.

사실 자신감을 되찾는 일은 그리 어렵지 않습니다. 자신감을 잃는 주요한 원인이 무엇인지를 생각해보면, '사고의 목적은 올바른 해답을 찾기 위한 것이다'라는 잘못된 신념을 품기 때문인 경우가 많습니다. 사실 인생을 살면서 마주하는 선택에는 표준적인 답이 없는 경우가 대부분입니다. 이것이 우리가 우선 알아두어야 할 사고의 한계입니다.

인생의 다양한 문제에 대해 아무리 이성을 발휘해도 올바른 답을 끌어낼 방법은 없습니다. 그렇다면 노력의 방향을 다른 곳으로 돌려야 합니다. 바로 합리적인 답을 찾기 위한 사고 능력을 기르는 것입니다. 이처럼 실수를 초래할 가능성이 있는 여러 가지 전제를 파악하면 이전보다 신중하게 사고하게 되고, 최선의 해답을 찾기가 쉬워집니다.

문제는 최선의 해답을 추구하는 능력은 쉽게 손에 넣을 수 없다는 점입니다. 이는 철학적인 사고력이기 때문에 일정한 시간을 들여서 단련해야만 서서히 습득할 수 있습니다. 분명 쉽지 않은 일이지만, 일단 사고력이 높아지면 높아질수록 더 쉽게 좋은 해답을 찾을 수 있습니다. 또한 인생에서 힘써야 할 정업定業 (팔정도의 하나로 자기에게 주어진 일을 바로 수행하는 것-옮긴이) 에 전념하면서 마음 둘 곳을 얻게 됩니다. 하지만 많은 사람이 이 사고력의 존재를 모르고 본인이 이미 충분한 사고력을 갖추고 있다고 착각합니다. 이런 '무지의 지'의 결여는 상당히 보편적이고 심각한 문제입니다.

칸트 철학이 가르쳐주는 인생의 지혜를 한마디로 정리하자면 '우선 한계를 이해하고, 각종 인식 형식을 파악하며, 나아가 능력의 범위 안에서 가장 합리적이고 적합한 해답을 찾아낸다'가 됩니다. 우리는 이 지혜를 생활에서 잘 살려야 합니다. 무슨 일이든 한계가 있다는 사실을 이해하고, 이 세상에는 어차피 완벽한 인생 따위는 존재하지 않는다는 사실을 알면, 무언가를 과도하게 기대하거나 추구하는 일도 없어집니다. 그리고 '주어진 인생을 받아들이자'라는 생각을 하게 되지요.

그렇다면 인생을 어떻게 받아들이면 되는 걸까요? 무엇을 버리고, 무엇을 계속해서 가지고 있어야 하는 걸까요?

이 질문에 정답은 없습니다. 인생을 좋다고 느낄지 나쁘다고 느낄지는 당신이 어떤 색안경으로 인생을 바라보느냐에 달려 있기 때문입니다. 우리 인생은 타인이나 운명에 지배당하는 것도 아니고 옳다고 판정할 만한 방향성이 있는 것도 아닙니다. 그저 우리 자신이 정의하고, 평가하고, 맛보는 것이지요. 이것이야말로 칸트의 철학이 가져온 '인생관의 코페르니쿠스적 전환'입니다. 인생에 대한 평가를 수동적인 자세에서 자기 주도적인 자세로 전환하고, 인생의 지휘권을 운명에서 회수하여 우리의 자유 의지에 맡기면 삶이 어떻게 바뀔까요?

두 철학자가 나누는 지적 대담

하루히코가 묻다

선생님은 "잠시나마 모든 색안경을 뺄 수 있다면 사람은 커다란 자유를 느끼지 않을까요?"라고 말씀하셨습니다. 여기서 말하는 '커다란 자유'는 결국 선불교가 기원전부터 말해온 '무분별無分別'과 비슷한 건가요?

지지엔즈가 답하다

선禪의 무분별은 자아가 진실한 존재가 아니라고 설명합니다. 즉 '제법무아 諸法無我, 모든 현상 가운데 나는 존재하지 않는다'라는 말이지요. 한편 색안경이라는 각도에서 보면, 모든 관념이 필연적인 실체라고 할 수는 없다고 하면서도 기본적으로는 자아의 존재를 긍정하고 있습니다.

자신의 각종 관념이나 직감도 일종의 색안경이라고 할 경우, 그 사고의 이치는 '무아'로 이어집니다. 이는 다시 세계가 과연 존재하느냐 존재하지 않느냐 하는 질문으로 이어집니다. 칸트는 물자체, 즉 물질의 진실한 모습은 존재하지만, 우리가 그것을 인식할 방법이 없는 것뿐이라고 주장했습니다. 칸트가 연 이 길을 따라가면서 그의 생각에서 한발 나아가 인식 자체를 내려놓을 수 있다면 제법무아의 무분별이라는 관념에 더욱 가까이 갈 수 있지 않을까요?

"인간은 계몽을 통해 비로소 성숙한 성인이 된다."

_이마누엘 칸트

세 번째 강의

삶의 의미를
어디서 찾아야 할까

시라토리 하루히코

"행복은 밖에 있는 것이 아니다. 자기 내면에 있는 것이다."

아르투어 쇼펜하우어(Arthur Schopenhauer, 1788~1860)

독일의 철학자. 이 세계에 다툼이 가득하고 인생이 고통스러운 이유는 '맹목적인 생에의 의지' 때문이라고 주장했다. 거기서 벗어나려면 불교의 가르침이 필요하다는 염세 철학을 제창했으며, 니체에게 영향을 주었다.

혼자일 수 없다면
나아갈 수 없다

쇼펜하우어는 '지금, 여기'에 존재하는 인생을 사고의 중심에 놓고 생각한 최초의 철학자입니다. 그에게 특이한 점이 있다면, 인생 경험을 충분히 쌓은 노년이 되기 전부터 삶에 대해서 논하기 시작했다는 것입니다. 그는 스물두 살 때 이미 의학과에서 철학과로 옮기면서 '나는 평생에 걸쳐서 인생에 대해 생각할 것이다'라는 결의를 다졌습니다.

그가 서른 살 때 간행한 『의지와 표상으로서의 세계』와 그 후에 쓴 여러 소논문에는 인생에 대한 새로운 관점이 상당히 많이 등장합니다. 특히 『의지와 표상으로서의 세계』는 100년도 더 된 책임에도 책에 담긴 내용은 현대인들에게 매우 신선하게 비치기도 합니다. 그의 관점이 새롭다고 느끼는 이유는 우리의 사고방식이 어느 결에 비뚤어지고 굳어져 버렸기 때문인지도 모르겠습니다.

안정적인 세계는 어디에도 없다

쇼펜하우어는 "끊이지 않는 변동이야말로 세계의 보통 상태다"라고 말했습니다. 이는 전쟁이나 재앙만을 의미하는 것은 아닙니다. 일상에서 모든 것은 언제나 변화하며, 그것이 생의 정상적인 상태라는 뜻이죠.

다시 말해, 그가 제시한 세계관은 '안정되지 않는 것이야말로 이 세계에 존재할 때의 기본적인 형태'라는 것입니다. 당신은 어떠신가요? 변화야말로 인생의 모든 것이라는 그의 말을 듣고 거리감이나 불안이 느껴지나요? 아니면 안심이 되나요?

만약 불쾌한 느낌을 받는다면 당신이 안정되고 안전하며 평화로운 것이야말로 바람직한 세계라고 생각하기 때문일 겁니다. 그렇지만 바람직하다고 생각하는 일과 현실의 세계는 전혀 별개입니다. 물론 전쟁을 하며 서로 죽고 죽이는 것보다는 평화가 바람직합니다. 하지만 그렇다고 해서 세계는 항상 안전하고 모두가 안심하고 평온하게 살 수 있어야 한다는 생각은 현실적이지 않습니다.

주위를 둘러보면 평화가 바람직하다고 생각하는 사람이 적지 않습니다. 이는 정치가들에게 속고 있는 이가 많은 이유이기도 하지요. 그도 그럴 것이 정치가들은 자신이야말로 평화롭고 안전하며 누구나 안심하고 살 만한 사회를 만들 수 있다고 큰소리로 선전하고 다니기 때문입니다. 한번 생각해보세요. 그들의 말이 사실이라면, 왜 그런 사회는 한 번도 만들어지지 못했을까요? 그런 유토피아가 세계의 역사 가운데 과연 언제, 어디에 존재했을까요?

다 그런 것은 아니겠지만, 대부분의 정치가는 높은 지위에 올라 안정된 급여와 고액의 연금을 얻기 위해 새빨간 거짓말을 밥 먹듯이 합니다. 안타까운 것은 많은 사람이 이를 눈치채지 못한다는 점입니다. 정치가들이 떠벌리는 말들이 환상이라는 사실 또한 잘 깨닫지 못하지요. 이런 일이 일어나는 까닭은 우리가 많은 환상에 사로잡혀 있기 때문입니다. 자신이 사는 시대는 진보하고 있으며, 생활이나 환경 역시 좋아지고 있다고 생각하는 '발전론적 환상'에 사로잡혀 있는 것입니다.

발전론적 사고란 모든 일이 순서를 따라서 혹은 계단을 밟고 나아가듯이 변화할 거라고 여기는 사고방식을 뜻합니다. 현대인, 특히 젊은이 중에는 이런 생각을 가진 사람이 많습니다. 예를 들어 논리에 따른 사고 역시 전형적인 발전론적 사고입니다. 우리는 이를 대부분 학교에서 배웁니다. 발전론적으로 사고하는 방법을 배우는 것이 아니라 학교 교육의 내용 자체가 발전론적 사고입니다. 이런 사고를 잘하는 학생은 좋은 점수를 받는 것은 물론, 우수한 학생이라고 평가받습니다. 현대의 학력 사회는 발전론적 사고를 하는 사람들에 의해서 구축된 특이한 사회권입니다.

하지만 이 사고를 하는 사람은 뜻밖의 사건이나 예상치 못한 상황에 약합니다. 다른 의미로 유연성이 부족하고, 그만큼 불확실함에 취약하다는 뜻이기도 합니다. 그리고 당연히 본능적으로 행동하지 않습니다. 현대인 중에는 이런 사고에 익숙해진 나머지 현재는 충분히 활약하지 못하고 있지만, 자신에게도 언젠가는 기회가 올 거라고 굳게 믿는 사람들이 많습니다.

실제로 인생이 그런 식으로 계속해서 발전하는 걸까요? 그렇지는 않을 겁니다. 살다 보면 생각지도 못한 일이 일어나고, 불운이나 사고를 겪기도 합니다. 정해진 대로만 하면 반드시 잘 풀린다는 보장도 없습니다. 어떤 나이대도 예외 없이 어려움과 재해가 찾아옵니다. 그런 의미에서 인생은 고독한 싸움이기도 합니다.

여기서 한 가지 의문이 생깁니다. 그렇다면 쇼펜하우어는 왜 모든 것은 계속해서 변동한다고 주장한 걸까요? 그는 이런 의문에 "의지가 모든 것을 움직이기 때문이다"라고 답했습니다. 『의지와 표상으로서의 세계』라는 제목에 담긴 '의지'가 바로 그것입니다.

쇼펜하우어가 말하는 의지란 우리가 평소에 생각하는 의지와는 전혀 다릅니다. 이는 자연 안의 온갖 힘을 가리킵니다. 쇼펜하우어는 폭풍우나 천둥도 의지일 뿐 아니라 생물의 생명력, 충동, 본능, 욕망까지도 의지라고 말했습니다.

이 의지는 살기 위해 끊임없이 움직입니다. 절대로 쉬지 않고 자신을 키워가기 위해 계속해서 활동합니다. 이처럼 의지는 실체는 보이지 않지만 에너지로 가득한 무언가를 뜻합니다.

이 의지는 우리 안에도 있습니다. 쇼펜하우어는 솟구쳐 오르는 충동과 욕망은 물론이고, 어떻게 해서든 살아남고 싶다는 마음 또한 의지의 동력이라고 말합니다. 우리는 자신이 무언가를 하고 싶다는 강한 마음에 의해서 움직이고, 그것이 실제로 이루어질 때 충족감이나 쾌감을 느낍니다. 사실 이는 자신이 의지의 충동에 따라서 행동했기 때문입니다. 반대로 전쟁이나 싸움에 지는 일이 굴욕감이나 고통을 낳는 이유는 상대방 안에 있는 의지에 졌기 때문입니다.

열 사람이 있으면 열 사람 각각의 의지가 있으며, 각자의 의지가 서로 마주 보고 싸웁니다. 사람이 모인 곳에는 이처럼 다양한 의지가 서로 관계하며 상대를 굴복시키기도 하고 함께 호흡하기도 합니다. 생식 행위로 또 다른 의지의 도구를 증가시키기도 하지요. 그리고 모든 것이 세계의 끊임없는 움직임을 만듭니다.

그런데 평소 우리는 스스로 의지 때문에 움직인다고는 생각하지 않습니다. 보통은 그 상황에 맞는 이해타산이나 이유가 있기 때문에 자신이 그에 맞는 행동을 한다고 생각하지요. 하지만 쇼펜하우어는 우리는 의지에 의해서 촉진되며, 그것을 정당화

의지가 모든 것을 움직이고 있다

할 만한 이유나 동기를 찾아내고 있는 것뿐이라고 주장합니다. 예를 들어 어떤 정치적 안건에 대해 많은 사람이 동의할 때는 그 정치 이념이나 방향성을 이해하거나 받아들였기 때문이 아닙니다. 정책이나 행정이 대다수 사람의 이권과 이해를 만족시키는 것처럼 보이기 때문이지요. 달리 말하자면 의지에 따라 움직이는 것처럼 보일 때 대중은 반응합니다.

의지가 주는 고통에서 벗어나려면

의지에 따르지 않는 일도 괴롭지만, 의지에 따르는 일도 고통을 야기합니다. 왜냐하면 일단 의지의 욕구에 따른다고 하더라도 이후에도 계속해서 의지로 인해 차례로 움직이게 되기 때문입니다. 우리가 살아가는 동안 의지로부터 도망치는 일은 불가능해 보입니다.

만약 자살을 한다면 의지로부터 도망칠 수 있을까요? 쇼펜하우어는 이에 관해 다음과 같이 설명합니다.

"자살은 의지의 활동을 완전히 부정하는 적극적인 행동처럼 보인다. 하지만 자살은 의지에 따라서 자기 자신을 죽이는 것에 불과하다. 왜냐하면 인간이라는 종 안에 떼어낼 수 없는 유약한 부분을 자살이라는 형태로 일찌감치 죽임으로써 종 전체의 번식과 확장의 사이클을 촉진하는 것이며, 이 또한 의지의 활동이기 때문이다."

그렇다면 고통을 주는 이 의지로부터 벗어날 방법은 전혀 없는 걸까요? 누구든지 할 수 있는 방법 말입니다. 쇼펜하우어는 '인식을 바꾸는 일'이 그 해답이 될 수 있다고 말합니다. 인식을 바꾸는 일이란 어떤 사건과 세계를 지금까지처럼 의지의 눈으로 보지 않는 것입니다.

예를 들어 의지의 눈으로 본다면 비싸고 예쁜 물건은 갖고 싶은 대상이 됩니다. 그리고 어떻게 해서든 손에 넣고 싶다는 욕구가 움직이고, 도저히 가질 수 없을 때는 갈등이 생겨납니다. 이런 식으로 많은 사람이 세계의 온갖 것을 욕망의 대상으로 보고 가치를 판단합니다.

우리가 사는 세계는 이처럼 의지의 눈에 의해서 성립되어 있습니다. 옷이나 신발, 가방 등 각종 상품은 하나같이 각자 안에 있는 의지의 욕망을 불러일으키도록 만들어지고 선전됩니다. 욕망을 움직이는 모든 것의 특징은 젊음, 아름다움, 귀여움, 강함, 섹시함, 풍부함, 균형 등입니다. 그리고 모든 경제활동에는 이러한 것들에 대한 추구가 반영되어 있습니다.

의지의 눈으로 세상을 보지 않는 태도는 곧 자신의 인식을 완전히 바꾸는 일입니다. 구체적으로는 가치 판단이나 계산을 하지 않고, 즉 욕망이나 의지가 섞이지 않은 상태로 어떤 사건을 바라보는 것입니다.

음식을 예로 들어볼까요? 의지에 지배당하고 있다면 배가 무척 고플 때 케이크를 보면 반사적으로 먹고 싶다고 생각하게 됩니다. 이는 의지가 소망하는 활동입니다. 그런데 만약 케이크를 단순한 물질로 볼 수 있게 되면 우리는 의지에서 해방됩니다.

의지에서 해방되면 충동에 따라 움직이지 않게 될 뿐 아니라 무엇을 눈앞에 두어도 동요하지 않고 태연하게 살 수 있습니다. 이 상태에 이른 사람은 이른바 깨달음을 얻은 사람입니다. 성인聖人이라고 불리는 사람과 같을 뿐 아니라 천재이기도 하지요. 그들은 눈앞에 있는 것을 통해 영원을 봅니다. 이는 천국에 사는 것과 마찬가지입니다.

자발적으로 고독을 누려라

결국 쇼펜하우어가 문제 삼는 것은 '우리를 움직이고 고통을 배가시키는 본능과 충동이 어디에서 왔느냐'입니다. 그는 이를 어떻게든 이해하기 위해 의지라는 힘이 활동한다고 설정하고, 거기에서 원인을 찾아내려고 했습니다.

관점에 따라 쇼펜하우어가 허구를 이야기했다고도 할 수 있습니다. 혹은 상당히 날카로운 허구를 이야기했기 때문에 천재라고도 평가할 수 있습니다. 어찌 됐든, 우리는 그의 책 『의지와 표상으로서의 세계』에 대해 '어차피 허구의 이야기를 했으니 이 책 전체가 공상 소설에 지나지 않는다'라고 간주할 수는 없습니다. 왜냐하면 그의 주요 저서와 소논문 곳곳에서 인생에 대한 지혜를 발견할 수 있기 때문입니다. 종교의 비밀을 밝히는 부분은 물론, 우리가 현명하게 살기 위해 참고할 만한 조언도 다수 포함되어 있습니다. 그는 가능한 한 평안하게 살고자 하는 사람을 위해 다양한 조언을 해주었습니다. 그 가운데서도 특히 유용한 것은 역시 고독, 즉 'Die Einsamkeit'에 대한 권유입니다.

고독이라는 단어는 부정적인 의미가 강합니다. 고독이라고 하면 남에게 사랑받지 못하고 평범한 교제도 없이 외톨이가 된 쓸쓸한 상황을 흔히 떠올립니다. 영어로 표기하면 'loneliness'에 해당하지요. 하지만 영어에는 또 하나의 고독이 있습니다. 바로 'solitude'입니다. 쇼펜하우어가 권한 고독은 바로 이것입니다. 이 고독에는 우선 세상의 소란스러움에서 한 발짝 떨어진다는 의미가 있습니다. 스스로 세상에 등을 돌리는 것이지요. 또한 세상에 범람하는 형편없는 가치관이나 투쟁에 구속당하는 일로부터 자유로워진다는 의미도 있습니다. 동시에 그 의지를 속박하는 손에서 빠져나오는 것이기도 합니다.

또 고독하기 위해서는 세상 사람들과 무리 지어 행동하는 일은 하지 않아야 합니다. 쇼펜하우어는 무리 사이에서 활동하게 되면 다른 사람들과 가치관을 맞춰야 하므로, 그런 상황에서 적극적으로 이탈하기를 권합니다. 이는 쉽게 얻을 수 있는 자유의 하나이며 사교를 위한 번거로움, 배려나 양보의 압박으로부터 해방되어 혼자 있는 상황을 여유롭게 즐기는 일입니다.

만약 스스로 고독하려고 하지 않는다면 결국 타인의 의지에 휘둘리거나 생각의 노예가 되어 사는 날들이 이어지게 됩니다.

이는 의지에 농락당하는 일입니다. 이런 삶이 얼마나 많은 괴로움과 고민을 낳을지 잘 생각해보아야 합니다.

삶의 고통을 피하고자 한다면 세속적으로 사는 사람들의 무리에서 물리적으로 멀어져 가능한 한 자신만의 시간을 가지는 일이 필요합니다. 이 고독에 외로움은 전혀 없습니다. 오히려 유쾌할 정도로 자유로우며 풍족합니다. 왜냐하면 자신에게 갖춰져 있는 지식이나 능력이 클수록 밖에서 얻어야 하는 것들은 적어지고, 자신 외의 다른 사람에게 의지하지 않아도 되기 때문입니다. 달리 말하자면, 고독한 상태가 되었을 때 비로소 진정한 자신이 모습을 드러내기 시작합니다.

많은 사람은 고독해지는 일을 선호하지 않습니다. 항상 외부로부터의 자극을 원하며 아무것도 하지 않으면 따분해합니다. 자신이 텅 비어 있기 때문에 혼자 있는 일을 견디지 못하는 것입니다. 한편 혼자 있는 일에 쾌적함을 느끼는 사람은 고독하게 있을 때 비로소 가장 생산적인 사람이 될 수 있습니다. 그럼으로써 행복을 느끼지요.

"행복은 밖에 있는 것이 아니다. 자신의 내면에 있는 것이다" 라는 말을 기억하세요. 고독은 삶을 살아가는 데 가장 강력한 무기가 되어줄 것입니다.

두 철학자가 나누는 지적 대담

지지엔즈가 묻다

다른 사람들에게서 떨어지면 외로움을 느끼거나 두려움을 느끼는 사람이 많습니다. 혼자 있는 일이 익숙하지 않은 사람도 고독을 즐길 좋은 방법이 있을까요?

하루히코가 답하다

우선 자기 자신을 가득 채울 줄 아는 사람만이 고독을 즐길 수 있습니다. 평상시에 자기 자신과 세상에 대해 많은 의문과 관심이 있으면, 그것들을 알아내기 위해서는 시간이 부족하다고 느끼게 될 겁니다. 그 이후에는 고독은 그 자체로 한산하게 비어 있는 시공간이 아니라 자연스레 농밀하고 호화로운 시공간이 됩니다. 이 시공간을 충분히 살려서 유용한 생산을 하는 사람들은 누구일까요? 저는 글 쓰는 사람이나 연구자라고 생각합니다. 고요함과 외부의 간섭이 없는 상태에서 생산에 임하는 이들이니까요.

거기에 한 가지 더 중요한 조건은 자기 마음이 고요한 상태, 즉 감정이나 죄책감, 여러 가지 복잡한 사정에 휘말리지 않는 상태를 유지하는 것입니다. 하고자 하는 한 가지 대상에만 초점을 맞출 수 있는 상태가 되어야 비로소 통찰이나 발견이 탄생하기 때문입니다.

"목표도 제한도 없는 끝없는 수고, 이것이 의지의 핵심이다."

_아르투어 쇼펜하우어

"사람은 자기 행위에 대해서는 절대적으로 독립된 존재이다.
몸, 정신, 사상에 대해서는 자기 자신만이 주권을 가진다."
존 스튜어트 밀(John Stuart Mill, 1806~1873)

영국의 철학자·경제학자. 제러미 벤담Jeremy Bentham의 공리주의 사상을 신
봉했지만, 쾌락의 수량화에 의문을 품었다. 양보다 질을 중시하고, 육체적인 쾌
락보다 정신적인 쾌락이 질이 높은 것으로 생각했다.

외부에 휩쓸리지 말고
나다운 나를 지켜라

"우리는 자유롭게 살아도 된다네. 완전히 자유롭게 말일세."

"제한 없이 자유롭게 살아도 된다는 말인가요?"

"그렇다네. 좋아하는 일을 해도 된다네. 자신이 하고 싶은 일을 마음껏 해도 상관없네."

"그러면 마음에 안 드는 녀석을 때리거나 죽여도 된다는 건가요?"

"그건 범죄가 아닌가?"

"하지만 마음대로 해도 된다고 하지 않았습니까?"

"그거야 그렇지만 타인에게 해를 입히지 않는 선 안에서 자유를 누리라는 말이네."

"그렇군요. 누군가에게 피해를 줘도 상관없는 자유라는 건 역시 이상하겠지요. 애초에 법률에도 저촉되는 일이고요."

"그러면 이렇게 생각하면 되겠는가? 법의 테두리를 벗어나지 만 않는다면 자유라고 말일세."

"일단 법에 따르기만 하면 체포를 당하거나 구속당할 일이 없으니 법의 테두리 안에서는 자유롭다고 할 수 있겠지요."

"그렇다면 자유의 범위는 법이 정하고 있는 것이군."

"아마도 사회적 자유의 범위는 법률이 기준이 되지 않을까 요? 나머지는 사회의 관습일 뿐이고요."

"그 법률은 누가 만드는 건가?"

"국회의원들이지요."

"그렇지. 그러면 우리의 자유를 정하는 건 국회의원들인 건 가?"

"그거야 그렇지만……. 잠깐만요. 타인이 우리의 자유를 결정 한다니 뭔가 이상하지 않나요? 아니, 이 경우는 법적인 자유에 만 해당하는 건가요?"

"그렇다면 우리의 본래 자유는 어디에 있다고 생각하나?"

"본래의 자유……. 그나저나 본래의 자유라는 게 있을까요?"

"그럼 만약 본래의 자유라는 것이 없다면 국회의원이 우리들 을 위해 법을 만들어주지 않는 이상 우리에게는 자유가 없는 것 이 되는가?"

어떤 사회에 속해야 온전히 자유로울 수 있을까

두 사람이 자유에 대해 이런저런 이야기를 나누는 이유는 무엇일까요? 아마 지금 본인이 놓인 상황에 대해 얼마간의 속박을 느끼고 있기 때문일 겁니다. 우리는 언제 자유를 느낄 수 있을까요? 부모나 보호자의 보살핌에서 벗어나 사회인으로 자립하면 비로소 자유가 주어지는 걸까요?

아마도 경제적으로는 상당한 자유를 느낄 겁니다. 하지만 자기 삶의 방식에 대해서는 어떨까요? 사회에 나오면 지금까지 체험하지 못했던 사회인으로서의 부자유함을 처음으로 깨닫게 됩니다. 그런데도 우리가 속한 사회가 자유주의 사회라는 간판을 내걸고 있으면, 일단 각자의 자유는 원칙적으로 보호받는 것이 되고, 실제로도 자유로운 사회 환경인 걸까요?

그런데 여기서 한 가지 생각해볼 만한 것이 있습니다. 애초에 자유란 도대체 무엇일까요? 산업 혁명이 활발하게 이루어진 19세기 영국에 살았던 철학자 존 스튜어트 밀은 자신의 저서 『자유론』에서 과거부터 자신이 사는 시대까지 정치와 자유의 관계를 간단하게 더듬어갔습니다.

그에 따르면 과거의 위정자는 때때로 폭력적일 수 있는 지배자였고, 그들은 강력한 지배력을 가진 한 사람이나 종족 또는 계급인 경우가 많았습니다. 그리고 그 지배와 계승의 근거는 정복이나 혈통, 세습에서 유래했습니다.

다시 말해, 지배자의 권위는 피지배자의 의지에 의한 것이 아니었습니다. 피지배자의 자유는 당연히 고려되지 않았지요. 이윽고 지배자가 사회에서 휘두르던 권력에 일반인들이 제동을 걸게 되었습니다. 그 구체적인 대책 중 하나는 헌법을 통해 지배층의 행동을 제한하는 일이었습니다. 이는 지배당하는 쪽이 행사할 수 있는 자유 중 하나였습니다.

그 뒤 사람들은 권력이 피지배자에게 불리하게 남용되지 않으려면 위정자가 피지배자에게 위탁받은 자, 혹은 대표자인 편이 낫다고 생각하게 되었습니다. 그래서 사람들은 선거를 치러 지배자를 세우게 되었고, 선거에 의해 세워진 지배자의 권력과 지위에는 시한을 두었습니다. 이런 식으로 정치 체제가 확립되자 정부의 권력은 국민의 권력이 집중된 형태가 되었습니다. 이것이 민주적이라고 불리는 정치 권력 체제의 시작입니다.

그렇다면 모든 구성원이 투표권을 행사하는 민주적인 자치 사회로 변했으니 피지배자였던 각 개인은 자유로워졌다고 할 수 있을까요? 밀은 전혀 그렇지 않다고 생각했습니다. 왜냐하면 이번에는 '다수에 의한 전제'가 횡행하기 때문입니다.

여전히 권력을 행사하는 민중과 그 권력을 행사당하는 민중은 실제로는 같은 사람들이 아닙니다. 자치라고는 하지만 다스리는 자와 다스림을 받는 자의 분리가 생긴 것이죠.

게다가 민주적인 자치를 이루면 운영을 하는 데 모든 사람의 의지가 반영될 것 같았지만 실제로는 그렇지 않았습니다. 자신의 의지를 사회에서 행사할 수 있는 이는 그 사람들 가운데서도 가장 활동적인 부분에 속한 사람, 즉 압도적 다수자뿐입니다. 그들의 의지만이 사회 정치에 반영됩니다.

그뿐만 아니라 그 다수자가 자신들의 의견이나 생각의 확대를 추구함으로써 다수자가 아닌 나머지 사람들의 의견을 압박하기도 합니다. 이것이 바로 다수자에 의한 전제입니다.

다수자에 의한 전제는 그야말로 사회의 전제입니다. 이는 '다수자를 위한 법이나 제도만 만들어진다'라는 의미를 가질 뿐 아니라 다수자가 오만한 사회 자체로 둔갑해서 사회가 관여하지 말아야 할 일, 특히 개인의 사상이나 생활을 간섭하거나 무거운 압박을 가할 위험성도 있다는 뜻입니다.

밀은 사회에서 초래되는 이런 간섭에 대해 "간섭은 형벌보다 훨씬 깊게 개개인의 생활을 파고들어 영혼까지 따르게 하고, 거기에서 도망칠 수 없게 한다"라고 표현했습니다. 과도한 간섭의 형태나 많은 이를 동일화시키는 힘은 그리 특별한 것도 아닙니다. 이른바 다수의 생각이나 가치관, 여론, 일반적인 감정이나 정서, 보통의 습관, 인습, 종교적 관례 등을 꼽을 수 있습니다. 여기에 따르지 않는 사람은 차가운 시선을 받게 되고, 자기다운 생활을 하기 힘들어집니다. 장애나 충돌이 적은 무난한 생활을 하려면 사회에서 일반적으로 행해지는 관행을 따라 조화롭게 살아가야 합니다. 사회가 허용하는 범위를 벗어난 개성 있는 삶의 방식은 마치 사회적 범죄 취급을 받기 때문입니다. 다수자가 전제하는 상태에서는 항상 현행 사회가 모범인 것으로 여겨집니다. 그 모범에 가까울수록 착실한 시민으로 인정됩니다. 이런 개인적 삶의 방식에 대한 강력한 침식은 종종 전제나 압정이 휘두르는 폭력 이상의 힘을 행사하기도 합니다.

하지만 다수자에 의한 사회성의 강요가 악의에서 나오는 것은 아닙니다. 오히려 사회에서 행해지는 습관이나 상식, 규칙은 다수자인 그들에게는 너무나도 자명하고 올바른 것으로 인식됩니다.

물론 자명하고 올바르다고 생각하는 것은 근거 없는 착각에 지나지 않습니다. 그 알맹이는 습관이나 미신일 뿐이며 이런 생각의 바탕이 되는 것은 편견, 감정, 선망, 질투, 이해, 우월감, 자신들만의 전통, 오만과 모멸 그리고 대부분이 다수 구성원의 이기심이지요.

그들은 자신들의 이기심을 정상적인 이성으로 간주하고, 또 그 이기심을 토대로 사회적 윤리를 형성합니다. 법조차도 다수자를 중심으로 한 여론을 통해 만들어집니다. 그 법에 편향성이 있는 것은 다수자의 호불호나 증오를 토대로 하기 때문입니다. 따라서 실질적으로 강한 것은 법보다도 다수자에 의한 여론일 수밖에 없습니다.

다수자에 의한 전제 정치

다수자의 의견은 언제나 소수자의 의견을 압박한다

평범한 길이 가장 위험할 수도 있다

사람들이 중요하게 여겼던 다수자의 여론 중 하나는 종교에서
파생된 윤리관과 세계관입니다. 사람들은 그 윤리를 기준으로
사회에서 용서받을 수 있는 삶의 방식과 용서받지 못할 방식이
엄격하게 정해져 있다고 생각했습니다.

이 방식은 법처럼 명문화된 것은 아닙니다. 하지만 전통적인
생활이나 종교적 가치관은 불문율의 기준이 되어 사람들의 생
활 속에 깊숙이 침투했습니다. 특히 유럽에서는 주로 기독교 교
회 신학이 그 기준이 되었습니다. 기독교 신학은 기독교야말로
진리라고 주장하고 인생을 구성하는 요소의 가치와 의미, 무엇
이 선이고 무엇이 악인지를 성서에 기술된 것을 바탕으로 정했
습니다. 교회는 이는 신의 말씀이기 때문에 절대적인 진리라고
주장하며 '신의 명령'이라는 이름을 붙였습니다.

기독교 신자였던 대다수 시민은 이 신학적 도덕에 따르는 것
을 정직한 삶으로 여겼습니다. 물론 당시 대부분의 사람은 문자
를 제대로 읽지 못했기 때문에 이 도덕을 교회에서 설교로 듣거
나 구전을 통해서 알게 되었지요.

그런데 문제가 생겼습니다. 교회에서 만들어진 윤리가 개인
의 사생활까지 간섭한 것이죠. 심지어 이 윤리는 개인의 성생활
까지 규정했습니다. 부부가 잠자리를 할 수 있는 날은 화요일과
수요일뿐이고, 그것도 교회의 축일에 해당하지 않는 경우로 제

한했습니다.

잠자리는 천정을 향해 똑바로 누운 여성 위에 남성이 올라가는 형태인 정상위로만 해야 했습니다. 후배위나 입위는 짐승이나 악마가 좋아하는 저주받은 체위이며, 이를 행하면 몸에 장애가 있는 아이가 태어나거나 병에 걸린다고 했습니다. 정상위가 영어로 선교사가 권하는 성교 체위라는 뜻을 지닌 'missionary position'이라고 불리는 이유를 여기서 알 수 있습니다.

의사들도 교회 신학이 알리는 이런 사이비 윤리의 영향을 받았습니다. 그들은 환자들에게 한 번의 잠자리 시간은 가능한 한 짧게 하도록 권하고, 횟수는 기껏해야 한 달에 한 번 정도만 해야 하며 60세가 넘으면 금욕해야 한다고 하기도 했습니다.

종교적인 권위로 이런 간섭을 하는 것은 유대교도 비슷했습니다. 유대교인들은 모세의 법률과 그 해석을 담은 성전 『탈무드』의 내용을 근거로 부부에게 안식일 다음 날에는 반드시 잠자리를 하도록 의무화하고, 그 외에는 계급별로 노동자는 주 2회, 상류 계급은 매일 밤 잠자리를 해야 한다고 명시했습니다.

그뿐만이 아닙니다. 칼뱅파의 흐름을 이어받은 프로테스탄트 교회는 '의무가 아닌 것은 무엇이든지 죄가 된다'라고 가르치고, 신자의 의무로 삼는 잡다한 생활 윤리가 신의 명령인 것처럼 가르쳤습니다. 예를 들어 신의 은총을 받은 사람은 이미 풍족한 생활을 하고 있다고 말하면서 빈부 격차에 대해 운명적인 사고방식을 침투시키는 등 서민 생활의 가치관이나 인생관을 다양한 방법으로 구속했습니다.

그리고 이런 주장은 실제로 다수자가 가치 판단을 하는 데 토대가 되었습니다. 결국 사회 구성원의 가치 판단은 본인이 소속된 종교의 신조나 가르침, 자신이 속한 계급의 이해관계 사이에서 타협하는 수준의 것이 되어버린 거지요. 사람들은 왠지 대단해 보이는 감투를 쓴 누군가의 지시를 바라고, 그 사람이 내리는 지시에 티끌만큼의 의문도 품지 않은 채 그대로 따랐습니다. 다들 그렇게 하고 있고, 생활에 특별히 지장이 없었기 때문에 문제를 느끼지 못했지요.

권위나 권력이 초래한 도덕과 가치관이 더욱 강한 지배를 위한 투명한 속박이라는 사실은 평범하게 남들에게 맞춰가며 세상살이를 하는 사람들에게는 좀처럼 인식되지 않습니다. 이런 현상이 만연하면 사람들의 생각이나 행동이 한층 비슷해져서 다수자에 의한 권력이 사람들을 지배하고 조종하기가 점점 수월해질 뿐 아니라 자신들의 정당성을 주장하기도 쉬워집니다. 이는 압정과 독재의 정치 형태가 아닌, 자유를 표방하는 현대의 민주주의 국가에서도 마찬가지로 적용됩니다.

권력의 형편에 따라 만들어진 법이나 그 법에 따른 생활 방식은 결국에는 국민의 습관, 삶의 방식이나 윤리 상식, 그리고 세간의 규칙이 되어서 우리의 자유를 옭아맵니다. 밀은 이를 근거로 민주 정치 안에서도 다수자에 의한 압정이 공공연하게 행해진다고 주장했습니다.

자기 자신에 대한 주권을 찾으려면

여기서 한 가지 생각해볼 만한 점이 있습니다. 바로 밀은 일반적으로 '공리주의功利主義' 철학자라고 불린다는 사실입니다. 또 밀에게 영향을 준 철학자 제러미 벤담도 공리주의자라고 불립니다. 벤담은 '최대 다수의 최대 행복'이라는 표현을 한 것으로도 유명하지요.

공리주의는 무엇을 뜻하는 걸까요? 사람들이 누군가를 가리켜 "그 사람은 공리주의자니까"라고 한다면 이 말에는 '그 사람은 교활하다'라는 의미가 담겨 있습니다. 혹은 자기 이익만을 생각하는 자기중심주의자라는 뜻을 담고 있기도 합니다.

공리주의는 사실 영어 'utilitarianism'을 단순하게 번역한 것입니다. 그런데 이 단어에는 공리주의라는 의미뿐 아니라 '실리주의實利主義' 혹은 '공익주의公益主義'라고 옮길 수 있는 뜻도 포함되어 있습니다.

왜냐하면 utilitarianism에서 '이利'나 '익益'은 꼭 금전적 이익만을 뜻하지는 않기 때문입니다. 오히려 'utility'는 개인이 사회 전체의 이익이 되는 일, 혹은 전체적인 복지를 뜻하는 단어이기도 합니다.

이는 밀의 『자유론』을 읽다 보면 자연히 깨닫게 되는 사실입니다. 왜냐하면 그는 "사회 전체의 행복을 위해서는 개인의 개성과 능력 발휘가 가장 중요하다"라고 끈질기게 주장했기 때문입니다. 그렇기 때문에 밀의 철학은 오히려 개인주의를 중시하는 철학입니다. 주의해야 할 점은 밀이 말하는 '개인'은 '국가나 사회, 단체 등을 구성하는 낱낱의 사람'이라는 일반적인 뜻과는 다르다는 사실입니다.

밀이 말하는 개인은 충분히 성숙하고 자립된 사람을 가리킵니다. 즉 밀이 『자유론』에서 사용하는 개인은 자립성과 주체성을 가진, '주권을 가진 개인성individuality with sovereign'이라는 의미입니다. 여기에 쓰인 'sovereign'이란 주체성 혹은 통합이라는 뜻으로 군주, 국왕, 주권이라는 의미도 가지고 있습니다.

우리는 주권이라는 말을 들으면 흔히 정치적인 용어라고 생각합니다. 왜냐하면 주로 언론을 통해서 주권이라는 단어를 접하게 되는데, 언론은 정치적인 용어로만 이 단어를 사용하기 때문입니다. 그런데 밀이 사용하는 주권에는 정치적인 의미만 있는 것이 아닙니다. 그는 이 단어를 우리 한 사람 한 사람에게도 자신의 사상, 윤리, 행동에 대해 주권이 있다는 표현과 함께 사용했습니다.

즉 밀이 말한 주권을 가진 개인은 세상 풍조에 휩쓸릴 만한 사람이 아니라, 자기 자신을 충분히 통치하고 있는 인격이며 자기 나름의 사상과 삶의 방식을 가지고 이를 실행하는 사람을 가리킵니다.

그렇다면 우리 개인의 주권이란 무엇일까요? 바로 가능한 한 자유로운 자기 자신으로 있는 것입니다. 세상의 관습이나 전통적 종교가 요구하는 대로 행동하는 다수자는 자기 자신으로서 살지 않는 사람입니다. 부화뇌동하며 세상의 풍조에 쉽게 휩쓸리는 사람도 마찬가지입니다. 누구의 방해나 지시를 그대로 따르거나 무언가에 얽매이지 않고, 자기 자신으로 사는 사람이야말로 진정으로 주권을 가졌다고 할 수 있습니다. 그런 사람은 자신의 개성과 능력을 다른 곳에서 억제당하는 일 없이 사용하고, 자기 생각대로 살아갑니다.

따라서 밀은 공리주의 철학자라기보다 주체성이 있는 자립한 개인주의 철학자였다고 할 수 있습니다. 또한 『자유론』에서는 그런 의미에서의 개인이 각자의 개성을 발휘하면서 사는 일이 결과적으로는 사회 전체에 공헌하는 일이라고 말했습니다. 그러지 않으면 모두가 평범함 가운데 머물고, 사회는 전혀 진보하지 않기 때문입니다.

그뿐 아니라 밀은 "국가나 체제는 이런 개인의 사상이나 행위가 타인에게 위해를 주지 않는 한, 그 사람의 개성으로서 존중해야 한다"라고 주장했습니다. 이는 현실적으로 권력을 쥐고 있는 사회 전체에 대한 강력한 요구이기도 합니다.

자유로운 삶을 위한 다섯 가지 법칙

이제 밀이 사람은 항상 사회에 따라야 한다고 생각하지 않았다는 사실이 명확해졌을 겁니다. 사람은 사회라는 틀의 구성원이면서도 현실 안에서는 자기 자신의 개성의 군주여야 한다는 거지요. 밀은 이에 관해 다음과 같이 말했습니다.

"자기 행위 안에서 반드시 사회에 따라야 하는 부분은 '타인과 관계할 수밖에 없다'는 측면뿐이다. 인간은 자기 자신에 관련된 행위에 대해서는 절대적으로 독립해 있다. 자신의 몸, 정신, 사상에 대해서는 자기 자신만이 주권을 가진 자이다."

그의 말처럼 행동할 때 우리는 비로소 자유로울 수 있습니다. 자유를 표방하는 사회라 하더라도 사상의 자유, 기호의 자유, 직업의 자유가 무조건 존중되지 않는다면 자유는 존재하지 않습니다. 독재자가 지배하는 사회라도 위의 자유가 존중된다면 거기에는 인간의 자유가 있습니다. 게다가 인간에게는 자신의 행복을 추구할 자유가 있어야만 합니다. 이는 저마다의 기호나 삶의 방식의 자유를 말합니다.

개인의 생활 방식이 비록 확실한 형태는 아니라 할지라도 결과적으로 강요되는 사회라면 거기에는 자유가 없습니다. 따라서 종교에서 시작한 도덕 감정이 매우 강한 지역, 종교적 엄격주의가 공공연한 도덕이 되어 사람들을 지배하고 있는 지역에는 밀이 생각한 자유란 존재하지 않습니다.

그는 종교, 특히 기독교와 거기서 파생된 윤리 도덕에 혐오감을 감추지 않았습니다. 왜냐하면 이미 보았듯이 기독교 윤리는 사람의 자유를 속박하는 역할을 해왔기 때문입니다. 밀은 기독교에 대해 "이 도덕에는 행동에 대한 금지 사항이 지나치게 많으며 금욕주의를 우상화하고 있다", "기독교 도덕은 복종의 의무만 있는데, 이는 결국 기성의 권위와 권력에 대한 복종을 주장할 뿐이다", "성서의 도덕에는 문자 그대로 해석할 수 없는 것이 너무 많다", "지금까지 가장 고귀하고 가치 있는 도덕적 가르침의 대부분은 기독교를 모르던 사람들, 혹은 알더라도 기독교를 거부한 사람들이 만들어냈다"라고 말하기도 했습니다. 그리고 밀은 기독교 윤리 외에 더욱 고상하고 보편적인 윤리가 확립되어야 한다고 생각했습니다.

밀은 우리의 자유와 행복을 위해 주로 다음과 같은 것을 주장했습니다.

- **다양성은 악이 아니라 선이다**: 같은 의견으로 만장일치를 보는 것보다는 다양한 의견이 있는 편이 전체에 유익하다. 반대 의견 안에도 반드시 중요한 정당함이 담겨 있기 때문이다.
- **다양성이 선이기 때문에 자유롭고 다양한 생활 역시 허용되어야 한다**: 아무리 독특한 개인 생활일지라도 비판받지 말아야 하며, 타인에게 피해를 주는 일이 아니라면 각자의 개성 그대로 생활해도 된다.
- **개성의 자유로운 발전이야말로 개개인의 행복과 직결된다**: 현재 있는 그대로의 생활에 만족하지 않고 자신이 하고 싶은 일이 무엇인지 찾고 그 생활을 누려야 새로운 행복을 얻을 수 있다. 이는 능력의 발전으로도 이어진다.

- **선택하며 살아야 한다**: 막연하게 다른 사람을 흉내 내는 습관을 지녀서는 안 된다. 매번 자기 나름대로 생각하고 선택하며 살아야 한다. 이런 태도만이 자신의 능력을 발달시킬 수 있기 때문이다.
- **아무도 하지 않은 일을 자신이 처음 시작하는 것을 두려워하지 말아야 한다**: 새로운 시도를 함으로써 기쁨과 자유를 얻을 수 있고, 사회에 새로운 바람을 불어넣을 수 있다.

또한 밀은 누구나 새롭게 변화될 수 있다고 확신했습니다. 그 열쇠는 자기 삶의 방식에 자유를 부여하는 일이며, 자기 스스로에게만 그렇게 하는 것이 아니라 사회도 그 개인의 자유를 권리로써 인정하고 간섭해서는 안 된다고 주장했습니다.

외부에서 개인의 자유에 간섭하거나 방해하면 결과적으로 사회 전체의 진보와 행복이 저해됩니다. 이는 과거를 돌아보면 알 수 있습니다. 예로부터 사회의 상식이나 관례에서 최대한 자유로웠던 사람들이야말로 사회 전체를 좋은 방향으로 이끄는 일에 공헌해왔습니다. 우리는 그런 이들을 평범하지 않은 별종으로 취급하며 멀리하고 소외시켜서는 안 됩니다.

종교에 의한 엄격한 윤리에 길든 사람은 종종 자신의 솔직한 감정이나 기분을 억누르는데, 밀은 감정뿐 아니라 개인적인 소망까지 신념과 자제심처럼 온전한 인간의 일부분이라고 간주했습니다. 따라서 감정이나 기분이 어떤 나쁜 일을 유발할 위험성이 있기는 하지만, 그 이상으로 선을 행할 수도 있다는 사실에 기대를 걸었습니다.

이처럼 밀은 인간에게 깊은 신뢰를 보내고 있습니다. 그는 자신의 인간관을 이렇게 표현합니다.

"인간은 기계가 아니다. 한 그루의 나무와 같은 존재다. 모든 인간은 내면에 있는 생명력 넘치는 힘의 기세에 따라서 온갖 방향으로 가지를 뻗쳐나가며 스스로 성장하고 점점 커지기를 바란다."

저는 밀의 이런 인간관에 한마디를 덧붙이려고 합니다.

"자유가 인간이라는 나무를 기른다."

두 철학자가 나누는 지적 대담

지지엔즈가 묻다

저는 대학생은 이미 성인이기 때문에 그들의 라이프 스타일을 존중해야 한다고 생각합니다. 물론 타인에게 영향을 주지 않는다는 전제하에 말이지요. 그런데 학생들이 진지하게 공부하려 하지 않는 경우에는 어떻게 해야 할까요? 교사인 제게 그들을 적극적으로 변화시킬 자유가 있는 걸까요?

하루히코가 답하다

밀은 한 사람 한 사람의 인간은 각자 성장하는 나무와 같다고 생각했습니다. 그의 사상에 따르면 교사가 할 수 있는 일은 그 나무가 잘 성장할 수 있도록 물을 주는 일 정도밖에 없을 것 같습니다. 이는 학생에게 직접적으로 힘을 행사하는 것은 아니지만, 적어도 학생에게 강제와는 반대인 '해방'을 주는 일은 된다고 생각합니다. 물을 주는 방법을 달리할 수 있다는 것이 교사가 가진 최대한의 자유 아닐까요?

"단 한 사람만이 다른 의견을 가지고 있다고 해도
그 한 사람에게 침묵을 강요할 권리는 없다."
_존 스튜어트 밀

"자신의 선과 윤리 도덕을 스스로 찾아라."
프리드리히 빌헬름 니체(Friedrich Wilhelm Nietzsche, 1844~1900)

독일의 철학자. 기독교에서 유래한 가치관과 윤리를 노예적이라고 비판하고,
주어진 가치관이 아니라 자기 나름의 윤리를 찾아서 후회 없는 인생을 살라고
말했다.

위험하게 사는 것만큼
빛나는 것은 없다

지금 이 시대를 살고 있는 사람이라면 누구나 왠지 모를 억압감을 느끼고 있을 겁니다. 어쩌면 항상 누가 머리를 단단히 누르고 있는 것 같은 느낌이 들지도 모르지요.

그런데 이는 비단 현대인들만 느끼는 감정은 아닙니다. 옛사람들도 어느 시대든 항상 억압감을 느꼈습니다. 그들이 살았던 시대 역시 국경, 신분이나 계층, 강제적인 행정과 같은 물리적인 압박 외에도 종교적 윤리, 전통이나 인습, 지연이나 혈연에 따른 인간관계 등 정신적인 압박이 있었으니까요.

현대 세계의 자유와 민주주의는 높은 평가를 받고 있기는 하지만, 그렇다고 해서 우리가 받는 압박이 완전히 사라진 것은 아닙니다. 오히려 학력이나 경력 혹은 눈에 보이지 않는 도덕 ·

윤리 등 우리에게 가해지는 압박의 종류가 과거보다 세분되었을 뿐 아니라 한층 증대되었습니다. 그 때문에 많은 사람이 여전히 숨 막힘을 느끼면서 답답한 일상을 보내고 있는 것입니다.

거짓 즐거움과 진짜 즐거움을 구분하라

우리는 일상생활에서 느끼는 숨 막힘을 해소하기 위해 때때로 기분 전환을 시도합니다. 바로 향락을 추구하는 일입니다. 하지만 이 향락은 진짜 즐거움이 아니라 잠시 현실 도피를 돕는 거짓 즐거움에 불과합니다.

왜 향락이 거짓 즐거움일까요? 그것은 누구나 돈으로 살 수 있기 때문입니다. 향락은 사람의 마음을 빤히 들여다보는 장사치에 의해 만들어집니다. 가격과 장소가 미리 결정되어 있으며, 즐길 수 있는 시간도 제한되어 있지요. 놀이동산과 같은 테마파크가 전형적인 예입니다.

그렇다면 거짓이 아닌 진짜 즐거움은 어떤 것일까요? 이는 향락과는 정확히 반대쪽에 위치한 즐거움입니다. 향락의 뜻을 그대로 풀면 '즐거움을 향유한다'입니다. 이는 외부에서 주어지는 것입니다. 스스로 손을 뻗지 않는다는 의미에서 소극적인 즐거움이라고도 할 수 있습니다.

그 반대쪽에 위치한 진짜 즐거움은 적극적인 즐거움입니다. 제가 왜 '적극적'이라는 말을 붙였을까요? 그 이유는 자신의 능력을 활용하는 적극성이 동반되었을 때만 느낄 수 있는 것이기 때문입니다.

독서는 일상에서 찾을 수 있는 진짜 즐거움 중 하나입니다. 글자를 읽고 이해하며 생생하게 상상하는 일은 지식이 일정 수준 이상인 사람만이 할 수 있는 매우 적극적인 행위이며, 자신이 갖추고 있는 능력을 최대로 사용하는 일이기 때문입니다. 또한 요리하는 일과 스포츠 경기에 참여하는 일 등도 향락이 아닌 진짜 즐거움입니다.

하지만 향락이든 진짜 즐거움이든 압박감이 강한 생활 속에서 기분 전환을 하기 위해서 하는 것이라면, 잠깐의 현실 도피에 지나지 않습니다. 도피한다고 해서 현실의 압박이 사라지는 것은 아닙니다. 즐거움은 시간이 지나면 끝이 나고, 우리는 또다시 현실로 돌아오게 됩니다. 그리고 다시 주위로부터 억압받는 기분을 느끼면서 삽니다. 주말이 지나고 나면 출근해서 일을 해야만 하지요. 이처럼 많은 사람은 자신이 정말로 자유롭지 못하고 무언가에 묶여 있다고 느낍니다. 어떤 생활권에 사는 사람이든 마찬가지입니다.

20세기 프랑스의 철학자 미셸 푸코Michel Foucault도 그렇게 느꼈습니다. 그리고 그는 지금까지 역사 속에서 인간이 어떤 식으로 지배당하고 압박받아 왔는지를 이야기했습니다. 그리고 우리를 숨 막히게 하는 것은 바로 '규율 권력(인간의 생에 영향을 미치는 권력. 생체권生體權이라고도 한다−옮긴이)'이라는 사실을 밝혀냈습니다.

이 규율 권력이란 사람들이 위로부터 온갖 의미에서 규제를 받으며 정해진 틀 안에서만 생활하고 행동해야 하는 상태로 만드는 힘을 뜻합니다. 물론 이 힘을 가지고 있는 것은 권력자와 정부입니다. 그들에게는 이것이야말로 현대적인 통치의 힘이자 방법입니다. 더 쉽게 말하자면 권력 체제는 사회적인 속박에서 그치지 않고 사람들의 내면에까지 손길을 뻗칩니다. 개개인의 삶의 방식과 사고방식까지도 컨트롤해서 자신들의 관리하에 두려고 하는 것입니다.

구체적인 예 중 하나는 교과서 내용을 구석구석까지 검열함으로써 사람들이 얻을 수 있는 지식의 성향과 틀을 조절하는 일입니다. 세세한 법 제도를 통해서 우회적인 형태로 윤리와 상식의 토대를 만들고, 사람들의 가치관과 사고방식, 행동을 지배하려는 것도 마찬가지입니다. 이런 억압은 점차 세상의 풍조가 되어서 널리 퍼지고 어느새 당연한 상식이 되고 맙니다. 이것이야말로 권력의 침투이며 우리 삶에 미치는 악영향입니다.

미셸 푸코가 이런 날카로운 시선을 가지고 통치 역사의 한 측면을 발견할 수 있었던 이유는 그가 '니체주의자'였기 때문입니다. 니체주의자란 니체의 팬이라는 뜻과 같은데, 특히 푸코는 니체에게 강한 영향을 받았습니다.

과연 니체는 어떤 사람이었을까요? 그는 세상에 널리 퍼져 있는 가치관을 뿌리부터 의심한 최초의 인물이었습니다. 니체는 시적인 느낌을 주는 저서 『짜라투스트라는 이렇게 말했다』에서 "신은 죽었다"라고 말했습니다. 결론적으로는 이 충격적인 문장만 유명해지고 말았지만, 그의 모든 업적을 들여다보면 결국 그가 말하고 싶었던 것은 단 한 가지라는 사실을 알 수 있습니다. 그것은 '각자가 자기 나름의 가치를 창조하라'라는 것입니다. 니체는 왜 각자가 자기 나름의 가치를 창조하는 일을 중요하게 여겼을까요?

만약 당신이 '세상의 모든 가치는 내가 태어나기 전에 이미 정해져 있다. 부자로 태어난 자가 가난하게 태어난 자보다 더 나은 삶을 사는 것처럼 말이다'라고 생각한다면 앞으로도 재미없는 그렇고 그런 인생을 살게 될 겁니다. 왜냐하면 어떤 것의 가치가 이미 정해져 있다고 생각하면 그 가치의 거푸집에 자신을 끼워 맞추며 살려는 태도를 취하기 쉬우니 말입니다.

실제로 이 세상에는 그런 식으로 사는 사람이 아주 많습니다. 가능한 한 좋은 학교를 나와서 좋은 회사에 들어가고, 남보다 풍족한 생활을 하고, 보통 이상의 행복을 느끼며 사는 인생이 이른바 제대로 된 인간의 삶의 방식이며, 많은 사람에게 찬미받아 마땅한 삶이라고 굳게 믿고 있지요.

하지만 니체는 그런 삶의 방식에 반대합니다. 그는 "좀 더 위험한 인생을, 좀 더 자신의 개성으로 빨갛게 물든 인생을, 자신을 가장 생기 넘치게 할 삶의 방식을 취하라"라고 열렬히 주장합니다.

"각자가 자기 나름의 가치를 창조하라."

니체는 왜 위험함과 동시에 이기적으로밖에 보이지 않는 삶의 방식을 권하는 걸까요? 그가 무책임하게 사람들을 선동하는 위험한 사람이기 때문일까요? 이런 까닭에 니체의 사상이 위험하다고 간주하는 사람도 적지 않습니다. 하지만 그 견해는 잘못되었습니다. 니체는 모두가 각자 자기 나름의 인생을 최선을 다해 살면서 항상 새로운 자신을 발견하게 하기 위해 그렇게 말한 것뿐이니까요. 그렇다면 니체는 구체적으로 어떤 생각을 하며 살아갔을까요?

본능과 욕망은 삶을 건강하게 만든다

당시 니체는 『반그리스도』라는 책을 출간했습니다. 대다수 사람이 기독교도였던 유럽에서 이 제목은 너무나도 악마적이고 도발적으로 비쳤습니다. 많은 사람이 그가 자신들의 전통과 윤리를 자극하고 있다고 생각했습니다. 결국 니체는 빈축을 샀고 무신론자 딱지가 붙게 되었습니다.

하지만 니체는 실제로 기독교도를 비판하지 않았습니다. 그저 사람들이 『반그리스도』라는 제목만으로 내용을 유추했을 뿐이지요. 니체는 예수의 언동을 부정하지 않았으며 오히려 예수에 대해서 그때까지 누구도 할 수 없었을 만큼 깊은 동정을 보냈습니다.

니체가 비판한 것은 신학자와 성직자들이 신약 성서를 이용해서 제멋대로 윤리 도덕을 만들고, 그것이야말로 진리라고 단정하는 일이었습니다. 즉 그가 비판한 것은 기독교의 신학과 거기에서 파생된 윤리 도덕입니다. 이는 당시 기독교 교회에서 설교를 통해 사람들에게 널리 침투해 기독교 신자의 상식이자 기독교 세계의 상식이 되었습니다.

신학에서 탄생한 이 윤리 도덕은 인간이 태어나면서부터 가지고 있는 자유와 생기를 옭아매고 억압했습니다. 강한 자를 악하다고 치부하는 것 외에도 건강한 인간이 선천적으로 가지고 있는 동물성이나 에너지까지도 모조리 좋지 않은 것으로 취급했지요. 예를 들어 본능이 이끄는 자유로운 연애는 바람직하지 않으며, 이미 결혼한 남녀라 할지라도 성행위로 쾌감을 얻는 것은 좋지 않다고 생각했습니다. 부부의 성애는 자손을 남기기 위한 필요악이지만 가장 바람직한 일은 전 생애에 걸쳐 정결을 지키는 일이라고 주장하기도 했습니다.

물론 니체가 이런 식으로 기독교 도덕의 성욕 금지에 대해서 자세히 이야기한 것은 아닙니다. 그는 더욱 거시적인 시점에서 이의를 제기했습니다. 그는 자신의 저서 『반그리스도』에서 "이 윤리 도덕은 진리라고 불리는 것이 우리 생에 가장 유해한 것인 양 취급한다"라고 표현했습니다. 또한 기독교 신학에서 탄생한 윤리 도덕은 하나같이 반인간적이고 반자연적이라고 비판했습니다.

니체가 기독교에 개인적인 원한이나 트라우마가 있어서 강한 어조로 기독교의 윤리를 공격한 것은 아닙니다. 그저 기독교에서 말하는 바를 따르면 인간의 생명력이 한없이 약해지기 때문에 이런 점에 대해 좋지 못하다고 말한 것뿐이지요.

니체는 "우리 인간이 살아가는 데 필요한 것을 저해하는 모든 요소는 우리의 생을 손상한다"라고 말했습니다. 여기서 인간이 살아가는 데 필요한 것이란 기본적으로 본능을 말합니다. 투쟁에 승리하고, 생존 경쟁에서 살아남고자 하는 마음이지요.

그런데 기독교의 윤리 도덕에 따르려면 이 본능을 억제하거나 부정해야 합니다. 이러한 니체의 생각은 건전하다고 말할 수밖에 없습니다. 그는 윤리 도덕의 유효성을 머리로만 생각하지 않고, '정말로 살아 있는 인간에게 적용할 수 있을까?', '우리가 이 지상에 사는 일에 공헌할 수 있을까?'를 중심에 놓고 판단했습니다.

이런 자세를 가진 니체 입장에서 보면 기독교의 윤리 도덕은 너무도 공상적이고 현실적이지 못합니다. 왜냐하면 그 도덕은 인간이 살기 위한 본능과 욕망의 많은 부분을 죄라고 단정하고, 인간은 그저 신의 은총을 바라고 기다리며 신의 영을 섬겨야 하는 존재이며, 지금 직면해 있는 현실이 아닌 천국을 지향하라고 말했기 때문입니다. 이를 그대로 믿고 따르면 현실의 생을 소홀히 할 수밖에 없습니다.

어떤 관념이라도 그것이 지금 사실로서 존재하는 우리의 생에 직접적으로 공헌하지 못하면 허무한 것이 되고 맙니다. 그래서 니체는 칸트가 제창한 선도 무효하다고 말했습니다. 칸트가 제창한 선은 인격이 없는 선, 순수한 개념 그 자체인 선이기 때문입니다.

인간은 절대 개념만으로는 살 수 없습니다. 개념에 인간을 맞출 것이 아니라 인간에게 개념을 맞춰야 합니다. 살아 있는 육체의 생활을 중심에 놓고, 이에 알맞은 윤리 도덕을 세우지 않는다면 오히려 인간의 생을 망치게 될 것이 분명합니다.

이처럼 일단 현실의 생을 중심으로 생각하고, 그 유효성을 따지는 것이 니체가 가진 생각의 특징입니다. 그래서 니체의 철학은 '생의 철학'이라고 불립니다. 그의 철학은 개념을 중점에 둔 것이 아니라 육체를 가진 인간을 위한 것이기 때문입니다.

억압으로부터 자유로워지려면

그렇다면 니체는 우리에게 무엇을 가르쳐주는 걸까요? 그는 『반그리스도』에 단 한 줄의 문장으로 이를 명확하게 드러냈습니다. 바로 '각 사람은 선을, 즉 자신만의 윤리 도덕을 스스로 발견해야 한다'라는 것입니다. 이는 일종의 탈출을 향한 길입니다.

과연 무엇으로부터의 탈출일까요? 지금의 자신으로부터 탈출, 일상의 답답함으로부터 탈출, 왠지 모를 억압감으로부터 탈출하는 것입니다. 일반적으로 말하면 니체주의자였던 푸코가 이름 붙인 규율 권력으로부터의 탈출이라고 할 수 있습니다.

현대 사회에서도 뚜렷한 주관 없이 수동적으로 살면 권력자의 생각대로 계속해서 지배를 당하게 됩니다. 그런데 보통 사람들은 자신이 지배당하고 있다는 사실을 좀처럼 자각하지 못합니다. 그들은 보통 '지배라고는 해도 그것은 정치나 행정상의 지배이며, 내가 실제로 유린당하고 있는 것은 아니다. 개인으로서 나 자신은 항상 자유롭지 않은가?'라고 생각합니다.

그게 바로 지배당하고 관리당하는 삶이죠. 그런 식으로 생각하면 지금까지처럼 세상 풍조에 물들어서 살아갈 수밖에 없습니다. 지금까지 지배와 관리를 당해온 대로밖에 생각할 줄 모르기 때문입니다.

아직 세상에 물들지 않은 어린 시절부터 우리는 권력으로부터 지배와 관리를 받습니다. 아이는 겉으로는 부모의 양육을 받는 것처럼 보이지만, 실은 자기 부모의 언동과 생활을 통해서 세상에 지배를 당하고 있는 것이나 마찬가지입니다.

그 세상을 만드는 것이 지금 여기에 있는 권력 체제입니다. 이 체제는 법률과 제도를 만들어서 위법과 적법의 범위를 정합니다. 그 가치관은 시민이 가지는 도덕관념의 모태가 되고, 그 농도가 옅어진 것이 세상의 상식이 되며, 전체적인 시대의 풍조를 만들어내는 것이지요.

아이가 자라 학교에 들어가면 권력이 주도면밀하게 준비한 교재로 학습하게 됩니다. 졸업하고 사회인이 된 뒤에도 권력의 지배와 관리망 안에서 일하게 되지요. 개인의 생활도 마찬가지입니다. 권력의 지문이 끈끈하게 묻은 윤리관은 텔레비전 뉴스 등 미디어를 통해 우리의 생각이나 가치관을 물들입니다.

니체가 태어난 19세기까지 그 규율 권력은 주로 기독교에서 탄생한 윤리 도덕이었지만, 현대에 와서는 교활하게 이윤을 추구하는 자본주의 경제 윤리가 주류를 이루고 있습니다. 이 윤리를 지향하는 세계에서 선으로 간주하는 성공이란 치열한 경쟁에서 승리하고, 남보다 돈을 많이 버는 것입니다. 결과로 보이는 숫자만이 의미 있는 것이며 수치화할 수 없는 인간적인 것, 예를 들어 예술이나 인격, 사랑, 개성 등은 하찮은 장식 정도로 치부됩니다.

그렇다면 차라리 이 살벌한 경쟁 세계에 완전히 몸을 담고, 제대로 뛰어드는 편이 나을까요? 만약 그렇게 하기로 마음먹는다면 우리는 중무장을 하고 싸워야 합니다. 눈앞에 나타난 적을 차례로 해치우지 않으면, 다음 순간에는 자신이 죽거나 패잔병이 되고 말 테니까요.

하지만 끝까지 싸우더라도 수중에 남는 것은 허무뿐일 겁니다. 디지털 게임을 해본 적이 있는 사람이라면 게임에서 마지막에 등장하는 끝판왕을 쓰러트렸을 때를 떠올려보세요. 결국에는 한없는 허무만이 남습니다.

회사에서 오랫동안 일하고 정년이 되어서 회사를 떠난 사람도 같은 허무를 맛봅니다. 그래서 그들은 새로운 삶의 보람을 찾으려 하거나 '제2의 인생'으로 등산이나 취미생활, 문화 센터 안에 자신을 매몰시키려 합니다. 무언가로 자신을 가득 채워야 할 만큼 자기 안에 공허가 퍼져 있다는 사실을 감각적으로 알고 있기 때문입니다.

세간의 기준에 따라 실패 없이 살아왔는데 그 대가는 어째서 한없는 허무일까요? 그 이유는 명확합니다. 지금까지 한 번도 자기 자신으로 살아오지 않았기 때문입니다. 자기 자신으로 살기보다는 세상에 맞춰 살았기 때문이지요.

'세상에 맞춰 살아왔다'라는 말은 세상의 상식을 자신의 상식으로 삼고, 세상의 윤리 도덕을 자신의 윤리 도덕으로 삼아 살아왔다는 뜻입니다. 사실 이는 평범하다고 할 수 있는 삶의 방식이기도 합니다. 대부분의 사람이 이렇게 살고 있지요.

물론 이런 삶이 무조건 나쁘다는 뜻은 아닙니다. 오히려 남들에게는 훌륭한 분별력을 가진 사회인으로 여겨지겠지요. 하지만 정작 당사자는 마음 한편에 공허를 안게 됩니다. 그 사실을 알면서도 세상의 분주함으로 덮으며 스스로 눈속임을 하고 있었던 것뿐이지요.

만약 100퍼센트 자기 자신으로 살아왔다면 허무가 비집고 들어갈 틈 따위는 전혀 없을 겁니다. 그런 사람은 자신이 살아온 삶을 입증할 훈장, 남들이 보내는 존경의 시선, 멋들어진 직함을 원하지 않습니다. 자기답게 살아온 것만으로도 충분히 만족스러울 테니까요.

그렇다면 자기 자신으로 산다는 건 무엇일까요? 이 질문에 답하기 위해서는 먼저 자기 자신이란 도대체 무엇을 가리키는 것인지 고민해봐야 합니다. 흔히 자기 자신이란 지금 여기에 있는 자기를 뜻한다고 생각합니다. 이는 옳지 않습니다. 자기 자신이란 본능과 의지 그리고 능력의 가능성이 응축된 것으로, 자기 자신으로 사는 일은 이를 모두 해방해 충분히 활동하게 함을 뜻합니다.

그런 의미에서 개나 고양이, 아기는 항상 자기 자신으로 삽니다. 계획이나 어떤 의도 없이 그저 천진하게 살지요. 기쁨이나 웃음을 온몸으로 표현하기도 하면서 말입니다. 그들에게는 조금의 후회도 없습니다. 내일의 일은 물론이고 지금 이 순간의 손익조차 생각하지 않기 때문입니다. 그들이 물리적인 고통을 느끼지 않는 한 계속해서 기분 좋게 있을 수 있는 이유는 누구의 제한도 받지 않고 자신의 본능과 의지와 능력을 사용하기 때문입니다. 생명의 근원적인 기쁨은 그 세 가지를 사용하는 일입니다.

그렇다면 우리는 어떨까요? 사회생활의 규범이 있는 이상 우리는 본능대로 행동할 수가 없습니다. 의지를 발휘하는 일도 그렇게 자유롭지는 않습니다. 법률, 도덕, 인습, 전통, 종교, 문화, 예절, 체면 등이 우리를 사방에서 짓누릅니다. 우리는 끊임없이 옷차림, 표정, 시선, 자세와 태도까지 신경 씁니다.

그런 우리 입장에서는 예술가나 작가, 창작자들이 제멋대로 행동하는 것처럼 보이기도 합니다. 그들은 자신이 좋아하는 옷을 몸에 두르고, 마음 가는 대로 하루를 보내고, 자유롭게 발언합니다. 중요한 것은 그러면서도 창조적인 일을 한다는 것입니다. 그들이 그런 식으로 살 수 있는 이유는 모두 남다른 재능을 갖췄기 때문일까요?

많은 사람이 '나한테 재능만 있었더라면……' 하면서 자유인으로 불리는 이들을 부러워함과 동시에 재능은 유전적으로 타고난 것이라고 믿습니다. 하지만 그들의 재능은 피와는 관계가 없습니다. 그들이 보통 사람들과 다른 점은 그저 세상 사람들이 믿는 것을 절대로 믿지 않는다는 것뿐입니다.

그들은 세상에 흘러넘치는 규율 권력에서 탄생한 윤리 도덕과 사고방식, 가치관을 절대로 유효한 진리라고 믿지 않습니다. 그 밖의 일에 대해서도 결코 남의 의견을 듣고 흔들리지 않지요. 그들은 세상에 만연한 온갖 윤리 도덕의 바깥에 서 있습니다. 그렇다면 그들에게는 윤리 도덕이 결핍되어 있는 걸까요? 그저 괴짜이거나 무법자일 뿐인 걸까요?

실제로는 그들 또한 윤리 도덕을 가지고 있습니다. 다만 그것은 세상에 있는 기성의 것이 아니라 그들 자신의 지성과 경험, 끊임없는 시행착오와 자기 단련을 통해 생겨난 것입니다. 그렇다고 해서 그 기준이 특수하고 이상한 것은 아닙니다. 오히려 인간적이면서 보편적이지요. 그에 비하면 세간의 일반적인 윤리 도덕은 그 시대에 한정되어 있고, 지역이나 문화의 틀 안에서만 통용되는 좁은 범위의 것입니다.

창조적인 힘을 가진 사람의 윤리 도덕은 누구에게나 통하는 보편성을 가지고 있습니다. 이는 예술가의 작품이 시간과 장소를 뛰어넘어 이해되고, 가치 있는 것으로 평가받는 이유이기도 합니다. 그리고 일반적인 윤리 도덕과 차이가 나는 이 방식이 바로 남다른 재능으로 불리는 것입니다.

여기서 중요한 것은 그들이 가지고 있는 윤리 도덕 하나하나가 기존의 것이 아니라 그들이 손수 만들었다는 사실입니다. 즉 자유인들은 그야말로 가치를 창조해왔다고 할 수 있습니다. 물론 이는 예술가에게만 국한되는 이야기는 아닙니다. 기업에 속한 비즈니스맨이나 일반 서민 중에서도 스스로 윤리 도덕을 창조한다는 의식 없이 자신의 규칙을 형성하면서 독자성이 강한 삶의 방식을 취하는 사람이 있습니다.

그런 사람들은 안이하게 남을 흉내 내지 않습니다. 스스로 판단하고, 인생을 살면서 직면하게 되는 문제를 자신만의 방식으로 해결하는 등 확실하게 자기 나름의 독자적인 삶의 방식을 취합니다. 이런 태도는 남의 눈에는 자아가 너무 강하다고 간주되기도 하지만, 실제로 그들은 자신과 자신의 인생을 창조하고 있는 것입니다.

한편, 자기 나름의 가치를 창조하려고 하지 않는 대부분 사람은 항상 이미 만들어진 것 가운데서 선택하는 인생을 삽니다. 세상이 정한 윤리 도덕 아래서 학교를 선택하고, 직장을 선택하고, 배우자를 선택합니다. 게다가 세상에는 안전하고 현명한 선택을 하기 위한 노하우를 담은 책이 넘쳐납니다. 사람들이 자기 계발서를 보며 공부하거나 편법을 사용하는 일도 당시의 문화와 풍조의 시점에서 가장 좋다고 여겨지는 것을 획득하기 위함입니다.

달리 말하자면 그들의 인생은 수단을 선택하는 데 소비되고 있다는 뜻입니다. 이런 인생은 결국 정해진 메뉴에서 무언가를 고르는 일로만 전락하고 맙니다. 회사원에게 '출세 코스'라는 표현이 정착된 것처럼 각자의 분야에서 기성의 정통 노선이 있는 것처럼 생각하게 되는 것이죠.

세상의 기준과 나의 기준을 분리하라

우리에게 인생의 매뉴얼을 슬며시 들이미는 사람이 있습니다. 당대의 권력을 중심으로 한 지배 체제입니다. 우리는 지배를 받아들이며 행동과 사고방식이 예상되는 범위 안에만 머무르는, 순종적이고 획일적인 시민 계층이 됩니다. 그리고 획일적인 시민이 많을수록 지배 체제는 행정을 쉽게 컨트롤할 수 있습니다.

이와 같은 상태는 언뜻 권력층이 시민을 보호해주는 것처럼 보이기도 합니다. 그런데 이는 보호와 동시에 시민의 삶을 관리하는 것입니다. 다소 강하게 느껴질지 모르지만, 비유해보자면 물고기를 어항 안에서 죽을 때까지 키우는 것과 같습니다. 드넓은 허무의 바다에 떠 있는 세계 안에서 사람들이 움직이는 대로 내버려 두는 일이기도 하지요. 시민들은 그 지배를 깨닫지 못하고 자신이 자유롭게 움직이는 것으로 착각합니다. 하지만 그들의 내부에 있는 가치관과 윤리 도덕은 기성의 것이기 때문에 정말로 자유로운 것은 아니며, 자신의 의지에 따른 것도 아닙니다. 이는 결국 떨쳐버릴 수 없는 억압감으로 나타납니다.

그런데 왜 억압감을 느끼는 걸까요? 바로 자기 삶의 방식을 스스로 컨트롤하지 못한다는 불만이 있기 때문입니다. 우리는 자신을 자신의 의지대로 움직이고 싶은 충동을 가지고 있습니다. 어린아이라 할지라도 그렇습니다. 어린아이는 아무리 서툴더라도 어른이 도와주는 것을 싫어합니다. 놀이조차도 스스로 컨트롤해야 기쁨이 생기지요. 자신의 힘을 이용하는 일이 삶을 사는 보람이기 때문입니다. 이는 니체가 자주 말하는 '힘에의 의지Der Wille zur Macht'라는 말의 다양한 의미 중 하나입니다.

니체가 말한 힘에의 의지는 종종 '권력에의 의지'로 번역되고는 하는데, 이는 정확한 번역이라고 할 수 없습니다. 권력이라고 하면 정치적 권력의 의미가 강해지기 때문입니다. 'Macht'라는 독일어는 넓은 의미에서 '힘'을 가리킵니다. 니체는 인간은 자신의 힘을 사용하기를 원한다는 의미로 이런 표현을 한 것입니다.

그래서 니체는 『짜라투스트라는 이렇게 말했다』 제3부에서 다음과 같이 호소합니다.

"원하는 대로 행하라. 그렇지만 그전에 스스로 의욕을 북돋는 자가 되어라."

자신이 하고자 하는 일을 실제로 행하지 않으면 누군가가 내놓은 것을 소비하거나 처리하는 인생으로 전락할 수밖에 없습니다. 그 목적지는 끝없는 허무입니다. 그리고 우리는 되돌릴 수 없는 지점까지 가서야 '나는 과연 무엇이었을까?' 하는 후회에 휩싸이게 됩니다.

그렇다고 해서 그때그때의 기분이나 욕망대로 행동하라는 말은 아닙니다. 그렇게 하면 방종에 빠지거나 삶의 지향을 잃고 헤매게 됩니다. 중요한 것은 위에서 강요하는 윤리 도덕이나 규범을 훌쩍 뛰어넘는 자신만의 규칙을 가지고, 그에 준하는 삶의 방식을 취하는 것입니다.

이제 니체가 말한 "자신의 윤리 도덕을 스스로 발견하라"라는 말의 의미가 보이시나요? 지금 당장 허무가 입을 벌리고 있는 어둠의 심연에 도달할 수밖에 없는 삶의 방식에서 벗어나세요. 정해진 삶의 방식이 아니라 자기만의 방식을 수립하고, 독창적인 삶의 방식으로 진정 자유롭게 살기 위해서는 선악의 윤리를 비롯해 스스로 윤리 도덕과 삶의 규칙을 다시 창조해야 합니다.

사실 그렇게 하는 것은 매우 귀찮은 일입니다. 마치 요리를 만들기 위해서 재료로 사용될 채소를 일일이 기르는 일부터 시작하는 것과 같지요. 매우 성가실 뿐 아니라 시간도 오래 걸릴 겁니다. 하지만 그렇다고 하더라도 기존의 윤리 도덕에 따라 살면서 후회와 허무에 도달하는 것보다는 훨씬 낫지 않을까요?
사실 니체가 존경한 시인 괴테도, 니체주의자였던 푸코도, 그
외 세계의 많은 예술가도 이를 실천해왔습니다. 그랬기에 대중
속에 파묻히는 일 없이 시대를 넘나드는 개성 있는 작품을 만들
어낼 수 있었겠지요.

니체가 전하는 지혜를 이렇게 표현해보면 어떨까요? 자신을
온전히 살리는 기쁨에 넘치는 삶을 살기를 바란다면 인생이라
는 춤의 스텝 하나하나를 스스로 정하며 자신만의 안무를 짜야
한다고 말이지요.

니체는 그 일이 가능한 사람을 '초인超人'이라고 불렀습니다.
하지만 이는 니체가 살았던 19세기까지의 이름입니다. 그로부
터 반세기 정도의 세월이 흘렀고, 이 단어가 뜻하는 의미는 조
금 바뀌었지요. 현재는 그런 이들을 자기실현을 하는 사람이라
고 부릅니다. 우리도 이런 사람이 되어야 하지 않을까요?

두 철학자가 나누는 지적 대담

지지엔즈가 묻다

니체는 '인생은 자기답게 살아야 한다', '사람은 강해져야 한다'라는 두 가지 생각을 했습니다. 그런데 이 두 가지 생각은 충돌하는 게 아닐까요? 예를 들어 만약 제가 강자가 되고 싶지 않다면 약자로서 자기다운 인생을 보내게 될 테니까요. 또 만약 제 아이가 강자가 되고 싶어 하지 않는다면, 저는 아이의 선택을 존중해야 할까요? 아니면 아이의 생각을 바꿔주어야 할까요?

하루히코가 답하다

니체는 '강자'라는 표현을 물리적으로 힘이 강하다거나 권력이 있다는 의미로 사용한 것이 아닙니다. 니체가 말하는 강자란 자기 창조를 해나가는 힘이 강한 사람입니다. 구체적으로는 자신의 가치 기준을 세우고 이에 따르는 자, 그리고 그러한 자기 삶의 방식을 한 번도 후회하지 않는 자를 뜻합니다. 니체가 말하는 약자란 이와는 반대인 자, 즉 부화뇌동하는 자, 가치 판단이나 삶의 방식을 기존의 것, 예를 들어 정치나 종교나 전통 따위에 쉽게 위임하는 사람을 말합니다.

≋ 네 번째 강의 ≋

보이는 세계
너머를 꿈꿔라

시라토리 하루히코

"언어는 명칭 목록 카탈로그가 아니다."

페르디낭 드 소쉬르(Ferdinand de Saussure, 1857~1913)

스위스의 언어학자. 근대 언어학의 아버지로 불린다. 지금까지 누구도 알지 못했던 언어 구조의 가장 중요한 부분을 연구했으며, 그 방법은 훗날 구조주의 사상에 큰 영향을 주었다.

언어에 휘둘리지 말고
있는 그대로를 느껴라

스위스 대학에서 일반 언어학 교수로 재직한 소쉬르는 55세로 생을 마감하기까지 일반 사람들을 위한 책을 한 권도 쓰지 않았습니다. 또 언어학자였지만 철학자는 아니었습니다.

그렇게 조용하고 평범한 학자 생활을 하던 소쉬르가 홀로 생각하고 교실에서 가르친 내용이 강의 노트와 원고로 남아서 훗날 『일반언어학 강의』로 편찬되었고, 그 내용은 20세기 이후의 철학에 커다란 영향을 주었습니다. 왜냐하면 그의 생각이 철학적 사고의 새로운 국면을 여는 것이었기 때문입니다.

소쉬르는 우리가 사용하고 있는 언어를 연구했습니다. 그리고 언어에는 사물을 '분절화分節化'하는 작용이 있다는 사실을 발견했습니다. 언어의 분절화란 무엇일까요? 이것이 무엇인지를 알면 소쉬르의 다른 생각도 이해하기 쉬워질 겁니다.

자신이 쓰고 있는 언어를 경계해야 하는 이유

언어의 분절화는 '본래 나뉘어 있지 않은 것이라도 언어로 표현
하려고 하면, 나누지 않을 수 없다'라는 뜻을 지니고 있습니다.
사실 이는 도처에서 찾을 수 있습니다. 예를 들어 청소년과 성
인을 나이로 나누는 일도 분절화입니다. 당연한 말이겠지만, 모
든 인간은 똑같이 성장하지 않습니다. 환경이나 영양 상태에 따
라서 성장 속도가 다르지요. 그런데 우리는 이런 현실을 완전히
무시하고 일정한 연령을 경계로 청소년과 성인을 딱 잘라 나눕
니다. 이것이 바로 분절입니다.

　지금 든 예에서는 무엇이 인간을 아이와 어른으로 분절했을
까요? 바로 '성인'이라는 단어입니다. 이처럼 온갖 단어는 사물
과 사건을 분절하는 작용을 합니다. 그리고 이런 단어로 구성된
문장 또한 사물과 사건을 분절합니다. 하지만 우리는 언어가 이
런 작용을 한다는 사실을 거의 느끼지 못합니다. 보통 명확하게
나누지 못하는 현실의 모호한 것을 언어가 강제로 오른쪽과 왼
쪽 등으로 나누는 역할을 합니다. 그런데 그것이 비극을 낳는
경우도 있습니다. 그 예로 민족 차별이 있지요. '민족'이라는 단
어가 있기 때문에 모든 인간은 자신이 특정한 어떤 민족에 속한
다고 여기게 되고, 여기에서부터 인간은 서로 다르다는 생각이

생겨납니다. 이런 생각은 결국 차별을 부릅니다. 게르만 민족의 우월성을 주장하며 유대인을 열등 민족으로 간주해 대량 학살을 자행한 나치즘은 역사상 가장 끔찍한 차별 행위 중 하나이기도 합니다.

남녀의 구분 또한 마찬가지입니다. 이는 '남'과 '여'라는 서로 다른 단어에 의해서 분절된 것입니다. 사실 언어상의 남녀 구별과 자연은 일치하지 않습니다. 여성의 생식기를 가지고 있어도 성염색체가 남성인 경우도 있고, 양쪽의 생식기를 가지고 태어나는 사람도 있기 때문입니다.

이처럼 자연에는 비슷하면서도 다른 온갖 것이 존재하는데, 그것들을 동일한 말로 나타내면 우리를 이를 '같다'고 간주합니다. 마찬가지로, 다른 단어로 표현하면 '다르다'고 간주하지요.

이처럼 말이 차이를 낳는 것이 바로 언어의 분절화 작용입니다. 한 언어가 통용되는 문화가 다르면 언어의 분절화 작용도 달라집니다. 예를 들어 색채를 표현하는 말을 비교해보면 일본, 러시아, 프랑스는 각각 실제 색채와 그 명칭이 의미하는 범위가 크게 다릅니다. 따라서 언어가 다른 두 문화 간의 완벽한 번역은 불가능합니다. 왜냐하면 완전하게 대응하는 말이 있을 수 없기 때문입니다.

예를 들어 '물이 탁해지다'라는 말을 영어로 번역할 때는 적절한 영어 단어를 찾을 수 없습니다. 그럼에도 굳이 번역하려고 하면 'get impure'라는 표현을 쓰게 됩니다. 'muddy'라는 한 단어를 사용하면 되지 않느냐고 생각할지 모르지만, 그렇게 되면 본래의 뉘앙스보다 훨씬 진한 흙탕물을 뜻하게 됩니다.

이와 반대로 영어로는 한 단어로 표현할 수 있지만, 이에 대응하는 그 외 나라의 단어가 없는 경우도 허다합니다. 예를 들어 solitude라는 단어는 '고독孤獨'이라는 단어와 일대일로 대응하지 않습니다. loneliness 역시 '고독'으로 번역할 수 있으니까요. loneliness는 독일어의 Einsamkeit와 마찬가지로 외로움이 주체가 되어 있는데, solitude에는 혼자 있는 일의 즐거움과 뿌듯함이 포함되어 있습니다. 이에 완벽하게 대응하는 한 단어로 된 말은 없습니다.

대응하는 단어를 찾을 수 없다는 사실은 다른 문화에서는 감성의 표현이 다르다는 의미가 아닙니다. 이는 어떤 일이나 상황, 심리를 분절하는 범위가 문화권에 따라서 다르다는 것을 의미합니다.

이처럼 우리는 언어에 분절화 작용에 의해 자연이나 세계를 있는 그대로 보지 못합니다. 그렇다면 언어를 사용하지 않으면 자연과 세계를 있는 그대로 볼 수 있을까요?

아마도 그렇게는 안 될 겁니다. 언어가 있어야만 자연과 세계를 파악할 수 있기 때문입니다. 파악한다는 것은 이해한다는 뜻입니다. 그리고 이해한다는 말은 지금 자신에게 대상이 어떤 의미를 가지는지를 파악하는 것이지요.

우리는 언어를 토대로 판단한 내용에 따라 세계에 의미를 부여하거나 가치를 매깁니다. 언어가 없으면 이 작업이 불가능해집니다. 이는 어떻게 보면 세계가 사라지는 일이기도 하지요. 이처럼 사람은 언어라는 인공의 그림물감으로 세계를 자기 나름대로 칠합니다. 달리 말하자면 이 색칠에 의해서 우리는 세계의 사물 각각에 다양한 차이를 만들고, 그 차이를 사용해서 사물을 분류하고 의미를 부여하는 작업을 하는 것입니다.

차이를 이해하기 위한 가장 간단한 단어는 바로 위와 아래, 오른쪽과 왼쪽 등 위치에 관한 것들입니다. 그렇다면 위는 어느 위치를 가리키는 단어일까요? 아래가 아닌 위치입니다. 오른쪽은 왼쪽이 아닌 것, 왼쪽은 오른쪽이 아닌 것을 가리킵니다. 그 둘은 차이로만 서로를 지탱합니다. 오른쪽이라는 단어 하나만으로는 의미가 발생하지 않지요. 이 단어들은 모두 오직 다른 단어와의 차이에 의해서만 의미가 분명해집니다. 처음부터 자립해서 특정한 의미를 지닌 것이 아니라 다른 단어와의 차이에 의해서 간신히 의미가 생겨난 것입니다.

사실 모든 단어가 차이에 의해서 의미를 가집니다. 이는 문자로 표현된 단어에만 해당하는 것이 아닙니다. 어떤 단어가 발음될 때, 즉 단어의 음운 또한 다른 음운과의 차이가 존재하기 때문에 제각각 의미를 가지고 자기 역할을 할 수 있습니다. 따라서 단어란 기호 자체라고도 할 수 있습니다. 모든 단어가 다른 단어와의 차이에 의해서 의미를 드러내기 때문입니다.

그런데 단어는 기호이기 때문에 그 단어가 나타내는 현실 사물의 본질과는 아무런 관계가 없습니다. 단어를 체스 게임의 말에 비유해봅시다. 체스 게임에는 '킹, 퀸, 비숍, 나이트, 룩, 폰'이라는 여섯 종류의 말이 있습니다. 그중 하나인 나이트가 없어지면 우리는 어떻게 할까요? 아마 지우개나 작은 인형으로 말을 대신할 겁니다. 그 경우 대신하는 것의 형태나 재질은 전혀 중요하지 않습니다. 나이트를 대용하는 것이 꼭 말의 형태를 하고 있지 않아도 상관없습니다. 왜냐하면 나머지 다섯 종류의 말과 생김새가 다르기만 하면 의미를 가질 수 있는 기호이기 때문입니다.

언어와 사물의 관계를 파악하라

기호인 언어가 두 가지 면을 가지고 있다는 사실을 발견한 것 또한 소쉬르입니다. 두 가지 면이란 바로 '시니피앙signifiant(나타내고 있는 것. 기호 표현을 뜻한다-옮긴이)'과 '시니피에signifie(표현되고 있는 것. 기호 내용을 뜻한다-옮긴이)'입니다.

　횡단보도의 교통 신호를 예로 들면 빨간 신호가 시니피앙이고, '정지'라는 의미가 시니피에가 됩니다. 언어에서도 마찬가지로 프랑스어의 Chat과 영어의 cat이라는 문자와 발음은 시니피앙이며, 내용인 시니피에는 '고양이'입니다.

　모든 단어에는 시니피앙과 시니피에가 반드시 있고, 이 두 가지 요소가 하나의 단어를 성립하기 때문에 이 둘은 강하게 결

단어는 그 단어가 나타내는
현실 사물의 본질과는 아무런 관계가 없다

합한 것처럼 여겨집니다. 하지만 실제로는 어떤 부분에서도 결합되어 있지 않습니다. 즉 시니피앙과 시니피에는 무엇이 되었든지 상관이 없습니다. 지금 사용하고 있는 시니피앙이 아니면 안 되고, 이 시니피에가 아니면 안 되는 경우는 없습니다. cat이라는 시니피앙의 시니피에가 '개'여도 '바다'여도 '돌'이어도 상관이 없지요. 소쉬르는 이를 가리켜 '언어의 자의성悲意性'이라고 불렀습니다.

물론 누군가 한 사람이 지금부터 '개'를 'cat'이라고 부르기로 한다면 타인에게 그것이 쉽게 전달되지는 않을 겁니다. 하지만 다수의 사람이 그를 따라서 개를 'cat'이라고 부르게 되면 'cat'은 머지않아 개를 의미하는 말이 됩니다.

시니피앙과 시니피에의 결합은 자의적입니다. 예를 들어 러시아어의 'P'는 그리스어에서는 P가 아니라 'R'에 해당합니다. 사과를 뜻하는 영어 apple과 독일어 Apfel은 시니피앙과 음운이 다소 비슷하지만, '사과'와는 시니피앙과 음운이 전혀 비슷하지 않습니다.

소쉬르 이전에는 언어가 이처럼 자의적이라는 사실을 누구도 깨닫지 못했습니다. 그가 언어의 자의성을 찾아낼 때까지 많은 사람은 세상의 온갖 사물에 이름을 붙인 것이 그 자체로 단어라고 믿었습니다. 달리 말하면 사물이나 개념에 붙여진 이름의 무리가 언어라고 여겨져온 것입니다.

하지만 소쉬르는 "언어는 명칭 목록 카탈로그가 아니다"라고 말했습니다. 만약 언어가 명칭 목록 카탈로그라면 어떻게 될까요? 먼저 둥근 테이블을 하나 놓고, 이것이 세계 전체라고 해보겠습니다. 테이블 위에는 세계의 온갖 사물과 개념이 잔뜩 진열되어 있습니다. 그 하나하나에 이름을 붙이면 그것이 인간의 언어가 됩니다. 나라나 문화에 따라 발음이나 표현이 다른 것뿐입니다.

만약 그렇다면 각국의 국어사전에 들어가는 항목 수는 모두 똑같아질 겁니다. 또한 다른 언어로 번역하는 것도 매우 기계적이고 단순한 일이 되겠지요. 왜냐하면 단어의 형태, 발음이나 철자가 다른 것일뿐, 그 한 단어에 대응하는 의미는 모두 같을 테니 말입니다.

그런데 현실은 그렇지 않습니다. 대충 비슷한 단어라도 그 단어의 의미는 문화에 따라서 상당한 차이가 있습니다. 예를 들어 일본어의 '好き(좋아하다)'를 나타내는 영어 like, 독일어 mögen, 프랑스어 aimer의 의미는 서로 완전히 겹쳐지지 않습니다.

일본어의 '好き'에는 '마음에 든다'는 의미도 포함되어 있는데, 이런 뉘앙스를 독일어로 표현하려면 앞에서 말한 mögen이 아니라 다른 단어인 gefallen을 사용해야 합니다.

그리고 프랑스어의 aimer에는 '좋아하다' 외에도 '사랑하다'라는 뜻이 포함되어 있기 때문에 영어의 like와는 대응되지 않습니다. 또 영어로 애완동물을 의미하는 pet이라는 단어는 프랑스어에서는 찾을 수 없습니다.

소쉬르가 언급하기 전까지 사람들이 믿어왔던 것처럼 언어가 사물이나 개념에 붙여진 이름의 무리라고 한다면, 다양한 단어는 고대부터 계속 고정되어 있으며 아무리 시간이 흘러도 변화하지 않을 겁니다. 하지만 실제로는 많은 단어가 계속해서 크게 변화하고 있습니다.

예를 들어 일본어인 '赤aka'는 오늘날 마젠타를 더욱 밝게 한 색조를 뜻합니다. 그런데 과거에는 그것이 뜻하는 범위가 넓어서 주홍이나 갈색까지 가리켰습니다. 그보다 더 오랜 옛날에는 赤가 단적으로 밝기明るさ(akarusa)를 나타내는 단어였습니다. 즉, '밝다明るい(akarui)'라는 단어에서 赤라는 단어가 탄생한 것입니다.

영어 단어 또한 시간이 흐름에 따라서 의미가 크게 변화했습니다. 예를 들어 cattle은 지금은 가축인 '소'를 의미하는데, 이전에는 자산으로 간주될 만한 네발 달린 짐승 모두를 의미했습니다. 더 앞선 시대에는 자산 전반을 가리켰지요.

단어가 항상 같은 대상을 가리키는 단순한 것이라면 이런 변화는 없을 겁니다. 따라서 시니피앙과 시니피에의 결합은 항상 자의적이라는 사실을 알 수 있습니다. 또 단어의 의미인 시니피에는 결코 먼저 존재하거나 고정된 개념이 아닙니다.

단어의 의미는 시대에 따라서 다른 데다가 특정 문장 안에 놓여야 비로소 그 의미가 확정됩니다. 프랑스어 'boeuf'를 예로 들어봅시다. 이 단어가 단독으로 있을 때는 목초지를 거니는 '소'(영어의 ox)라는 의미인지 식용으로 가공 처리된 '소고기'(영어의 beef)라는 의미인지 분명하지 않습니다. 'boeuf를 먹는다'라는 문장 안에 놓여야만 이 단어가 '소고기'를 뜻하는 것임이 확실해집니다.

이처럼 한 단어는 문장 안에서 전후에 놓인 일련의 다른 단어가 이를 분절화해서 의미를 결정합니다. 다른 문장 안에 있는 단어도 마찬가지입니다. 각각의 낱말이 관계를 맺고 서로 의존하면서 서로를 분절화하고 의미를 결정합니다.

길거리에서 흔히 볼 수 있는 교통 표식과 같은 기호도 이와 같은 작용을 합니다. 동그라미 안에 빗금이 쳐진 기호가 적힌 금속판이 헛간 한구석에 놓여 있을 때는 아무런 의미도 없는 금속판에 불과합니다. 하지만 이것이 도로에 놓이면 '차량 통행 금지'라는 의미를 나타내게 됩니다. 마을, 도로, 교통, 차량 등 무수한 것이 일련의 문장 역할을 하면서 기호를 분절화해 '통행 금지'라는 의미를 떠올리게 하는 것입니다.

기호나 문장이 아니어도 우리의 환경 안에 존재하는 대부분은 분절화 작용을 하고, 특정한 의미를 만들어냅니다. 세상의 어떤 것도 처음부터 어떤 의미를 가지고 그곳에 존재하는 것은 아닙니다. 무엇이 어디에 놓이느냐에 따라서 의미가 생겨나는 거지요.

앞에서 들었던 체스 게임의 예를 떠올려보시기 바랍니다. 분실한 나이트를 대신했던 지우개나 작은 인형을 체스판 바깥에 놓으면 한순간에 나이트의 의미가 사라지고, 그냥 지우개나 인형으로 돌아가게 됩니다. 지우개 등의 대용품이 게임과 관련된 의미를 가지는 것은 체스판이라는 관계성 안에 놓일 때뿐입니다. 이때 체스판과 나머지 말의 배치는 전후 문장, 나이트를 대신하는 지우개는 단어나 기호와 같다고 할 수 있습니다.

또한 단어는 시대 상황과의 관계에 따라서도 의미가 생겨납니다. 2000년도 더 된 고대 로마 제국 시절에도 지금처럼 증기의 압력에 의해서 움직이는 장난감이 있었습니다. 하지만 고대 사람들은 증기의 압력을 다른 것에 적용해볼 생각은 하지 않았습니다. 증기의 압력을 이용해서 구동되는 기관차는 19세기에 들어서서야 비로소 발명됐지요.

다시 말해 다양한 동력이 존재하는 상황이 되었을 때, 비로소 증기가 동력이라는 관계성으로 연결된 것입니다. 고대 로마 시대에는 가축의 힘과 노예의 인력 외에는 물레방아의 동력 정도밖에 없었기 때문에 증기의 압력에서 동력이라는 의미를 찾아내지 못했던 것입니다.

말의 의미는 어디에서 오는가

또다시 체스 게임의 예로 돌아가 봅시다. 만약 체스판을 사이에 두고 마주 앉은 두 사람이 체스라는 게임을 전혀 모른다면 어떻게 될까요? 이때는 나이트의 대용품이 될 지우개는 고사하고 체스에 사용하는 본래의 말도, 64칸의 판도 아무런 의미를 가지지 못합니다. 어떤 것에 대한 의미는 인간이 그것을 부여하느냐, 하지 않느냐에 달려 있기 때문입니다.

다시 말해 하나의 물체는 인간이 그것을 어떻게 바라보며 어떤 식으로 연관시키느냐에 따라 의미가 창조됩니다. 전쟁 상황을 예로 들어봅시다. 말하는 이가 침공, 침략, 진군 중 어떤 단어를 사용하느냐에 따라서 그 사람이 군대의 행동을 어떤 관점으로 보고 있는지 알 수 있습니다. 한 가지 표현에는 가치와 판단이 이미 포함되어 있을 만큼 상호 의존적이기 때문입니다.

세상의 모든 것은 인간이 그것을 어떻게 보느냐 혹은 어떻게 관여하느냐가 결정합니다. 산과 강을 예를 들어봅시다. 우리는 산과 강에 이름을 짓고, 아무리 오랜 세월이 흘러도 그 산과 강은 영원하다고 간주합니다. 실제로 그럴까요? 산이나 강은 과거부터 계속해서 같은 모습으로 존재했으며, 앞으로도 마찬가지일까요?

기원전 6세기경에 살았던 그리스의 철학자 헤라클레이토스Heraclitus는 "같은 강물에 두 번 들어갈 수는 없다"라고 말했습니다. 그는 흐르는 물조차도 같지 않으며, 모든 것은 계속해서 변화하고 있다고 주장했습니다. 19세기 철학자 쇼펜하우어 역시 "변화야말로 세계의 상태이다"라고 말했습니다.

생각해봅시다. 흙먼지가 날리는 도로를 포장했다면, 이것은 전과 같은 도로일까요? 당연히 원래 도로와 똑같지는 않을 겁니다. 하지만 우리는 그 도로의 이름을 바꾸지 않고, 이전과 같은 도로라고 생각합니다. '페르디낭'이라고 이름 지은 갓난아기가 있다고 해봅시다. 이 아기가 성장해서 자전거를 탈 수 있을 만큼 컸을 때도 우리는 그를 페르디낭이라고 부르고, 아기였던 페르디낭과 같은 사람이라고 생각합니다.

이런 예를 통해서 알 수 있는 사실은 우리가 '같다'라고 말할 때 그것은 물리적으로 같다는 의미가 아니라 '관계나 구조라는 측면에서 동일하다'라고 파악한다는 것입니다. 마치 언어와 같이 분절하는 방식으로 말입니다.

이는 인간에게만 국한되는 이야기는 아닙니다. 인간보다 더욱 강하게 본능에 지배당하는 동물이나 곤충도 마찬가지입니다. 그들 또한 자신들 나름의 분절 방식으로 세계를 의미 있는 것과 의미 없는 것으로 나누고, 의미 있는 것을 구성해서 자기 세계로 삼습니다. 결국 세계란 자신에게 의미 있는 기호의 집합인 겁니다.

'말은 의미를 내포하며, 그 의미는 변화한다'라는 사실은 앞에서도 이미 언급했습니다. 한 가지 더 알아둬야 할 점은, 의미가 변화하면 이에 따라 개념도 변한다는 사실입니다. 각 종교의 중심이 되는 신이나 부처라고 하는 종교 개념도 시대에 따라 의미의 범위가 상당히 달라져 왔습니다. 기독교 신학은 신神을 영적인 존재로 규정했지만, 일본에서는 일찍이 신かみ은 귀족이나

왕을 뜻했습니다. 고대 로마 시대에도 마찬가지로 왕은 곧 신으로 간주했고, 그들 자신도 스스로 신이라고 생각했습니다. 한편 부처의 본래 의미는 '깨달음을 얻은 사람'이었는데, 현재는 문화권에 따라 '영적 존재'나 '죽은 자'를 뜻하기도 합니다.

이를 통해 알 수 있는 것은 시대를 바꾸는 것은 시간이 아니라 언어의 시니피앙과 시니피에의 자의적 변화라는 점입니다. 이는 '언어가 세계를 분절한다'는 사실을 구체적으로 보여줍니다. 세계가 실제로 변화하는지 아닌지는 둘째 치더라도, 언어의 시니피앙과 시니피에가 변화한 것만으로도 그 언어에 의해 분절화된 세계 자체가 변화하는 것처럼 보인다는 말입니다.

그런데 혹시 우리의 일상생활에서도 이와 같은 일이 일어나지 않을까요? 우리가 무심코 사용하는 말의 시니피앙과 시니피에는 상대방의 것과 완전히 일치할까요? 아마도 그런 경우는 드물 겁니다. 시니피앙인 말이 같다고 하더라도 의미인 시니피에가 상당히 어긋나는 경우가 적지 않습니다. 이는 일상에서 상호 간의 불이해, 불화, 오해, 반발을 낳는 원인이 되기도 합니다.

소쉬르의 언어학이 등장하기 이전과 이후의 사고방식에도 많은 차이가 있습니다. 종래의 사고방식에 따르면, 언어는 개별 대상에 이름이라는 라벨을 붙인 것과 마찬가지였습니다. 다시 말해 하나의 단어가 있으면 그에 대응하는 개별 물체나 개념이 존재한다고 생각했던 거지요.

그런데 소쉬르에 따르면 개별 대상의 실재는 단어 차이의 근거가 되지 않습니다. 단어의 차이는 인지 방법의 차이에 기인합니다. 예를 들어 일본인은 참치와 가다랑어를 나누지만, 서양의 여러 나라에서는 그렇게 인지하지 않기 때문에 둘 다를 'tuna'라고 부릅니다. 무지개의 색깔 수도 각 나라의 문화에 따라 다릅니다. 한국과 일본에서는 무지개를 일곱 가지 색으로 나누지만 미국에서는 여섯 가지, 짐바브웨 등에서 사용되는 쇼나어에서는 세 가지 색으로 나눕니다.

한국인과 일본인의 눈만이 무지개를 일곱 가지 색깔로 식별한다는 뜻은 아닙니다. 우리는 무지개가 일곱 가지 색이라고 학교에서 배웁니다. 그 지식을 가지고 무지개를 보기 때문에 초등학생조차도 무지개가 일곱 가지 색이라고 답합니다. 즉 자신이 배운 개념 자체가 선입견에 지나지 않는다는 말입니다.

또한 악마가 존재한다고 믿는 문화권에서는 기이한 행동을 하는 사람을 보면 '악마에 들렸다'라고 말하고, 과학을 중시하는 문화권이나 시대에는 같은 증상을 보고 '정신 질환'이라는 말로 표현합니다. 여기에는 미개와 진보의 차이가 있는 것이 아닙니다. 인지하는 방식, 즉 분절화의 방식이 다른 것뿐입니다.

단어는 개별 대상이 실재하지 않는 경우에도 존재합니다. 우리가 거기서 의미를 느끼기만 한다면 말이지요. 용龍, 영靈, 행복, 성공처럼 말입니다. 결국 자신의 눈에 비치는 세계의 양상은 자신이 사용하는 단어에 의해서 만들어집니다. 어떤 단어를 어떤 식으로 사용하느냐에 따라서 세계를 보는 방식도 달라지는 것이지요. 그리고 사람들이 쓰는 단어는 그 사회와 문화를 형성하는 토대가 됩니다.

말의 의미는 말 자체에는 들어 있지 않습니다. 사실 말 자체는 단순히 비자연적인 기호일 뿐이며, 말의 의미는 다른 말과의 관계와 차이에 의해서 생겨납니다. 그리고 그 의미는 멈추지 않고 계속해서 변화합니다.

공적인 언어 표현과 사적인 언어 표현

또한 소쉬르는 언어를 랑그langue와 빠롤parole로 나눴습니다. 먼저 랑그란 어떤 일을 전달하는 표현 구조를 말합니다. 단어와 문법, 기본적인 발음 등 이미 정해져 있는 것 전체가 바로 랑그입니다. 이를 미리 알아두지 않으면 상대방이 알아들을 수 있게 표현하는 일이 불가능합니다. 아기가 말을 배운다는 것은 단순히 자주 듣는 단어를 따라 하면서 기억하는 것이 아니라 랑그를 기억하는 것입니다. 또한 한 문화권에서 사용되는 랑그를 알아두지 않으면, 그 문화권 안에서 말을 통해 전달이나 표현을 할 수 없습니다. 그러므로 랑그에는 사회성이 있다고 할 수 있습니다. 그 사회성 덕분에 랑그에 따라 올바르게 쓰인 책은 누구나 읽고 이해할 수 있지요.

한편 빠롤은 랑그에 속하지 않는 요소를 가진 언어 표현 전체를 가리킵니다. 개인이 단어나 문장을 발성할 때 그 목소리의 울림도 빠롤입니다. 올바른 전달이 목적이 아닌 혼잣말도 빠롤이며, 연인들이 주고받는 사랑의 속삭임도 빠롤입니다. 애용하는 컴퓨터를 '캐롤'이라고 별명을 붙이는 것도 빠롤이고, 외침도 빠롤이며, 친구나 동료에게 "어이, 그 일은 어떻게 됐어?"라고 물어보는 것도 빠롤입니다. 요컨대 사회성이 없는 사적이고 언어적인 것 전체가 빠롤입니다.

우리는 평상시에 생각할 때는 빠롤을 사용하는 경우가 대부분입니다. 하지만 그 생각을 정리해서 문장으로 만들 때는 랑그를 사용해야 합니다. 왜냐하면 자신의 머릿속에 있는 생각을 사회적 양식에 따른 표현으로 다듬지 않는다면 그 말은 다른 사람에게 전달되지 않기 때문입니다. 책을 읽은 적이 없는 사람이 제대로 된 문장을 쓰지 못하는 이유는 랑그를 공부하지 않은 탓이기도 합니다. 그만큼 랑그와 빠롤에는 격차가 있습니다.

그렇다면 언어는 단순히 공적인 랑그와 사적인 빠롤로 나뉘고, 이 두 가지는 관계가 없는 것일까요? 그렇지는 않습니다. 빠롤이 몇 번씩 반복되면 언젠가는 랑그가 되기 때문입니다. 이는 유아가 점차 말을 명확하게 사용할 수 있게 되는 모습을 떠올려 보면 쉽게 이해할 수 있습니다.

달리 말하자면 빠롤은 언젠가는 랑그를 구성할 미숙한 움직임이며, 랑그는 빠롤이 세련미를 더해서 충분히 사회적으로 구성된 상태라고 할 수 있습니다. 젊은이들 사이에서만 유행하는 말은 아직 빠롤이지만, 그 말이 널리 사용되고 마침내 사전에 실리면 랑그가 됩니다. 이 과정이 계속 반복되면 어휘와 사전의 페이지 수는 계속해서 증가하게 됩니다.

이처럼 소쉬르는 언어학자임에도 철학 역사에 큰 영향을 미쳤습니다. 소쉬르가 등장하기까지 철학은 플라톤 이래로 사물의 본질이 무엇인지를 계속해서 탐구해왔습니다. 하지만 소쉬르의 언어학 이후, 사람들은 사물에는 본질이 먼저 존재하는 것이 아니라 그저 관계성과 차이로만 의미를 낳고 있다는 사실을 알게 되었습니다. 게다가 소쉬르의 분석은 사물 간의 관계에 근거한 것으로, 달리 말하면 사물의 구조에 착안하는 방식이었습니다. 이는 1960년 이후에 이른바 '구조주의'라고 불리는 철학 방법론의 발화점 중 하나가 되었습니다.

두 철학자가 나누는 지적 대담

지지엔즈가 묻다

소쉬르가 전하는 지혜를 읽고 한 가지 깨달은 사실이 있습니다. 바로 언어가 있기 때문에 차별이 생겨난다는 것입니다. 즉 차별의 근본적인 원인은 우리가 언어에 속기 때문이라는 점입니다. 이 사회에서 차별을 없애려면 우선 언어를 개선하는 일부터 시작해야 할 것 같다는 생각이 듭니다. 언어의 사용자인 우리가 언어 혹은 언어 사용 방법을 개조함으로써 차별이나 편견을 피하려면 어떻게 해야 할까요?

하루히코가 답하다

언어의 사용 방법을 개조하면 차별이나 편견을 없앨 수 있는 것이 아니냐고 말씀하셨는데, 이는 불가능하다고 생각합니다. 언어는 끝없이 번식하는 생물과 같아서 언어의 사용 방법을 일일이 규정하기는 어렵기 때문입니다. 하지만 우리가 어떻게 관계하느냐가 언어의 의미를 바꾸기도 합니다. 따라서 평소의 행동을 개선한다면 언어에서 발생하는 차별이나 편견을 없애는 일에 도움이 될 것 같습니다.

"하나의 기호는 다른 기호와의 관계 속에서 의미를 형성할 뿐,
언어 밖의 물리적인 현실을 지시하지는 않는다."

_페르디낭 드 소쉬르

"사랑은 주는 것이지 받는 것이 아니다."
에리히 프롬(Erich Fromm, 1900~1980)

독일에서 미국으로 망명한 정신분석학자이자 사회심리학자, 철학자. 자유롭고
유연한 발상과 깊은 통찰력을 바탕으로 인간 행동을 연구하고 분석했다.

사랑에 성공하기 위해
필요한 것들

독일에서 태어나 지그문트 프로이트Sigmund Freud의 정신분석학을 배운 에리히 프롬은 일반적으로 사회심리학자라고 불립니다. 그는 시대의 거센 파도에 계속해서 농락당하는 바람에 한곳에서 조용히 머물며 연구 생활을 지속할 수가 없었습니다. 하지만 이런 환경에 놓여 있었기에 각각의 환자를 임상 실험하는 형태였던 종래의 정신분석이 아닌, 사회의 동향에 대해 정신분석적 판단을 적용하는 새로운 형태의 사회심리학을 개척할 수 있었습니다.

유대인이었던 프롬은 히틀러가 집권한 이후 연구소에서 쫓겨나 미국으로 망명했습니다. 베스트셀러 작가이기도 한 그는『자유로부터의 도피』를 통해 대중이 얼마나 권위에 복종적이고 동조를 지향하는지를 묘사하기도 했습니다. 이 책은 지금도 전 세계 사람들에게 널리 읽히고 있지요.

사십 대 후반부터는 멕시코로 이주해서 의학부 교수로 일하며 정상과 비정상, 사랑, 악, 희망 등 인간 윤리를 주제로 다수의 의미 있는 책을 저술했습니다. 이처럼 인생 후반에는 사회심리학자의 역할에만 머무르지 않고, 많은 사람에게 삶에 관한 가르침을 주었기 때문에 그를 휴머니즘 철학자라고 해도 좋을 것 같습니다.

프롬의 저서는 대체로 난해하지 않기 때문에 누구나 쉽게 읽을 수 있습니다. 그의 생각을 이해하면서 책을 읽어나가다 보면 우선 자신의 상식이나 사고방식이 얼마나 사회에 강한 영향을 받은 것인가를 깨닫게 되고, 자신의 세계관을 완전히 바꿀 수도 있습니다.

지금부터는 프롬의 저서 가운데 『사랑의 기술』에 대한 고찰을 중심으로 현대를 사는 우리가 프롬을 이해하고 그의 방식을 일상에 적용하는 데 도움이 될 만한 몇 가지 예시를 들어보려고 합니다.

'인생은 게임이다'라는 말의 진실

누구나 한 번쯤은 '인생은 게임이다'라는 말을 들어본 적이 있을 겁니다. 이 말은 영화나 드라마에서는 물론, 일상에서도 자주 접할 수 있습니다. 사람들 사이에서 널리 쓰이는 말은 그 시대 사람들의 가치관이나 인생관을 집중적으로 조명합니다. 그러므로 '인생은 게임이다'라는 비유적인 표현은 현대인에게 널리 퍼져 있는 공통된 사고방식 가운데 하나를 나타낸다고 할 수 있습니다. 여기서 인생이 정말로 게임과 같은 것인지 아닌지는 중요하지 않습니다. 핵심은 현대인 대부분이 인생을 게임에 빗대어도 별 위화감을 느끼지 못하는 감각을 가졌다는 것이지요.

그런데 이 표현은 무엇을 의미하는 걸까요? 우선 인생도 마치 게임처럼 사전에 규칙이 설정돼 있다는 전제가 포함되어 있을 겁니다. 이를테면 경쟁을 잘 헤쳐나가는 방법 같은 것 말이지요. 그리고 성공하는 사람과 실패하는 사람이 나뉜다는 뜻도 담고 있을 겁니다. 어느 게임이든 반드시 승자와 패자가 생깁니다. 우리는 그 방법을 기준으로 삼아서 반드시 게임의 궁극적인 승자가 돼야 한다고 생각합니다. 현대에 비즈니스 관련 서적이 범람하는 현상은 이런 사실을 증명하고 있습니다. 그 유효성은 둘째 치더라도, 이런 서적에는 이른바 게임에서 승리하기 위한 방법론이 나와 있습니다.

게임의 노하우는 비즈니스 사회에만 있는 것이 아니라 우리의 평소 생활과 가치관에까지 침투해 있습니다. 사회는 암묵적으로 어디 출신인 사람이 어느 학교를 나오고, 어느 기업에 취직해서 어떤 인간관계를 구축해가느냐에 따라 승자인지 아닌지를 구분하지요. 승리를 지향하는 인생은 중요한 패를 모으는 카

드 게임과 흡사합니다. 그래서 '인생은 게임이다'라는 비유적인 표현을 사람들이 이해하고 공감하는 것입니다.

게임으로서의 인생에 승리했느냐 아니냐를 평가하는 기준은 명확합니다. 바로 많은 재산, 많은 가능성, 많은 자유, 많은 시간 등 '얼마나 많은 것을 손에 넣었느냐'입니다. 다시 말해 사람들은 양이라는 측면에서 압도적으로 부유해지는 일을 지향합니다. 이런 경향은 고대로부터 계속 이어져 온 보편적인 인간의 삶의 지향점일까요?

그렇지 않습니다. 18세기 중반 영국에서 시작되어 각국으로 전파된 산업혁명에 의해서 사회가 완전히 변모하고, 더 나아가 자본주의 경제가 널리 퍼지게 된 것은 최근 200년 전후의 이야기입니다. 달리 말하자면 이런 가치관이 생겨난 시기는 모든 것을 상품화하는 사회가 형성된 후라고 할 수 있습니다.

카를 마르크스 Karl Marx는 자신의 저서 『자본론』에서 "노동력이 상품이 되고 말았다"라고 비판했습니다. 상품은 인간의 욕망을 채우는 사용 가치를 가지고 있지요. 이는 현대 사회에서도 마찬가지입니다. 온갖 상품에는 각각의 가치가 있으며 우리는 그 가치에 걸맞은 가격으로 상품을 손에 넣을 수 있습니다. 이런 일은 우리가 대상을 바라보는 시선을 바꾸어놓았습니다. 우리는 시장 상품뿐 아니라 인간, 그리고 인간이 하는 일에 대해서도 마치 상품처럼 가치를 매길 수 있다고 생각하게 된 겁니다. 이는 하나의 개념이 적용되는 범위를 뻔뻔하게 뛰어넘은 것입니다. 달리 말하면 언젠가부터 우리는 당연하게도 인생에 속하는 어떤 일이나 인간성에 관한 것까지도 가격을 매기는 장사치의 눈으로 보게 되었다는 말입니다. 그 결과, 원래는 시장의 상품에만 적용되었던 가치의 많고 적음이 인간의 우열을 가리는 지표라고 생각하게 되었습니다.

프롬은 『소유냐 존재냐』와 『존재의 기술』 등의 저서에서도 이에 대해 강하게 비판했습니다. 상품의 홍수가 된 사회에 사는 현대인은 '존재being하는 것'과 '소유having하는 것'을 구별하지 못하게 되었을 뿐 아니라 소유하는 것만을 중요시하게 되었습니다. 그러다 보니 '어떤 존재인가'를 따지지 않고 '어느 정도 가지고 있는가'를 가늠하는 것이 일반적인 일이 되고 말았지요.

우리는 인간으로서 혹은 실제 능력이 어느 정도 훌륭한지를 물을 기회가 있어도 눈에 보이는 형태로 드러난 요소만으로 그 사람을 판단합니다. 학력이나 경력, 자격증의 유무, 다른 이의 추천, 어학 성적 등 어찌 되었든 글자로 적을 수 있고 객관적으로 이해할 수 있으며 사실로써 증명되는 것만이 그 사람의 알맹이나 능력을 뜻하는 것처럼 취급합니다.

애정에 관해서도 마찬가지입니다. 현대 사회에서 누군가를 그 사람의 현재 모습 그대로 사랑하는 자세는 더는 중요하지 않습니다. 애정의 대상은 어떤 명백한 속성 혹은 조건을 갖추고 있다고 인정할 수 있는 경우에 한합니다. 결혼 상대를 찾을 때도 상대에게 온갖 종류의 조건을 요구한 다음, 마치 현명한 소비자가 보다 좋은 상품을 고르는 것처럼 행동합니다. 많은 사람이 교제를 전제로 한 상대라면 용모가 수려해야 할 뿐 아니라 출신, 혈통, 학력, 환경, 자산, 현재의 지위와 장래성 등 갖가지 부문에서 가치가 높아야 한다고 생각하지요.

그래서 현대인에게는 '사랑이 시작된다'가 아니라 '연인을 쟁취한다'라는 말이 더 어울립니다. 연인의 '스펙'이 가장 중요한 매력이 되는 것을 보면 연애 또한 일종의 상품 고르기와 같기 때문입니다. 결혼할 때도 적절한 스펙을 갖춘 남편이나 아내를 쟁취합니다. 결혼이 이렇게 이뤄지니, 두 사람의 아이 또한 의도적이고 계획적으로 얻는 것이 됩니다.

프롬은 이에 대해 다음과 같이 말했습니다.

"우리가 사는 사회는 구매욕과 서로 알맞은 상품을 교환한다는 사고방식 위에 서 있다. 현대인의 즐거움이란 두근거리는 마음으로 쇼윈도를 바라보거나 일시불이든 할부든 살 수 있을 만큼의 물건을 사는 일이다. 누구나 이와 같은 눈으로 인간을 보고 있다. 남성에게 매력적인 여성이란, 혹은 여성에게 매력적인 남성이란 자신이 찾고 있는 진귀한 물건과 같다.

(……) 어찌 되었든 보통 연모의 마음을 품게 될 만한 상대는 자기 자신과 교제하는 일이 가능한 범위의 '상품'에 한정된다.

(……) 이처럼 두 사람의 인간은 자신의 교환 가치의 한계를 고려한 뒤에 시장에서 구할 수 있는 가장 좋은 상품을 발견했다고 생각할 때 사랑에 빠진다."

상품을 고를 때처럼 스펙으로 상대를 고르는 현대인

이처럼 인간관계가 상품의 교환처럼 되어버린 이유는 물질적 성공이 가장 큰 가치를 가지는 사회가 되었기 때문입니다. 자신을 다른 사람에게 소개할 때를 떠올려봅시다. 많은 이가 학력, 직장, 직업 등 물질적인 속성을 자신의 스펙으로 제시합니다. 이는 그야말로 인간의 상품화라고밖에 말할 수 없습니다. 우리는 상대 자체와 교제하는 것이 아니라 교제라는 명목을 사용해서 상대의 속성과 가치를 이용하고 있습니다.

이런 경향은 프롬이 살던 시대보다 더욱 심해졌습니다. 인터넷과 SNS를 이용해 조건에 맞는 교제 상대를 찾는 사이트가 난립한다는 사실을 떠올려보면 누구나 인정할 수밖에 없을 겁니다. 인간을 상대하는 것 같지만, 우리는 사실 스펙을 읽고 비교한 다음 마치 상대를 이해한 것처럼 생각하는 것뿐입니다.

우리는 왜 고독을 두려워할까

그런데 왜 현대인은 그렇게까지 하면서 함께할 상대를 구하려고 하는 걸까요? 우리는 무의식중에 어딘가에 소속되고 싶어 하고, 누군가의 동료가 되고 싶어 합니다. 여기서 또 한 가지 의문이 생깁니다. 때로는 개성 있는 사람이 되고 싶어 하지만, 결국은 다른 사람들과 똑같아지기를 선택하는 것은 무엇 때문일까요?

프롬은 그 이유 중 하나를 인간이 본래 고독의 불안을 견디지 못하고, 합일合一을 원하기 때문이라고 보았습니다. 그는 이에 관해 다음과 같이 말했습니다.

"인간의 가장 강한 욕구는 고립을 극복하고, 고독의 감옥에서 벗어나고자 하는 마음이다. 어느 시대, 어느 사회에 있든지 인간은 공통적인 하나의 문제를 해결하기를 요구받는다. 그것은 바로 어떻게 고립을 극복하느냐, 어떻게 합일을 달성하느냐, 어떻게 개인적인 생활을 초월해 타자와 일체화를 얻느냐 하는 문제다."

우리는 현시대의 사회 또는 조직과 동일한 가치관을 따르지 않을 때 왠지 모를 소외감을 느낍니다. 그런데 사회 집단의 가치관에 동조하면 고독감을 느끼지 않아도 됩니다. 많은 사람이 파시즘이나 나치즘에 찬동한 것도 이런 이유였죠.

현대인도 마찬가지입니다. 안심하고 싶기 때문에 동일성을 원하고, 고립을 두려워합니다. 어떤 유력한 단체의 일원이 되고자 하고, 대다수의 사람과 같아지고 싶다는 욕구에 따라 움직입니다. 프롬은 다음과 같은 말을 하기도 했습니다.

"현대의 자본주의 사회에서는 평등의 의미가 달라졌다. 오늘날 평등이라고 하면 그것은 로봇, 즉 개성을 잃은 인간의 평등과 같다. 현대에서 평등은 일체一體가 아닌 동일同一을 의미한다. 그것은 남들과 같은 일을 하고, 같은 취미를 가지고, 같은 신문을 읽고, 같은 감정이나 같은 생각을 가지는 등 잡다한 것을 가지치기하고 얻은 동일성이다. 적어도 서양의 민주주의 사회에

서 사람들은 누군가의 강제에 의해서가 아니라 <u>스스로 원해서</u>
동조한다."

우리는 종교를 통해서 타인과의 일체감을 얻곤 합니다. 사디
스트와 마조히스트처럼 성적인 관계를 통해서 그렇게 될 수도
있습니다. 지배와 피지배의 주종 관계에서도 일체감을 느낄 수
있습니다. 하지만 이런 관계를 유지하려면 자기 안에 있는 무언
가를 희생하거나 억제해야 합니다. 혹은 무언가에 압도적인 지
배를 당하거나 어떤 대상을 전적으로 숭배해야 합니다. 사람들
사이에서 흔히 찾아볼 수 있는 이런 관계는 사실 병적인 관계입
니다.

그런데 병적인 방법을 사용하지 않고도 일체감을 얻는 방법
이 하나 있습니다. 그것은 성숙한 사랑을 하는 것입니다. 이렇
게 결합을 이루면 자신의 전체성과 개성을 모두 유지할 수 있습
니다.

프롬은 『사랑의 기술』을 통해 다음과 같이 말했습니다.

"사랑은 인간 안에 있는 능동적인 힘이다. 사람을 다른 사람
들과 격리하는 벽을 깨부수는 힘이며 사람과 사람을 연결하는
힘이다. 사람은 사랑을 통해서 고독감과 고립감을 극복하고, 그
러면서도 여전히 자기 자신 그대로이며 자신의 전체성을 잃지
않는다. 사랑으로 두 사람이 한 사람이 되면서도 계속해서 두
사람으로 존재하는 패러독스가 일어난다."

프롬이 제창한 이 사랑은 영화나 미디어가 표현하지 않았던

사랑, 많은 현대인의 관념 안에 없는 사랑입니다. 그는 그런 사랑이야말로 진정으로 인간에게 필요한 것이라고 주장했습니다.

프롬은 "사랑은 받는 것이 아니라 주는 것이다"라고 말했습니다. 그런데 '사랑이란 주는 것'이라고 말하면 장사치뿐 아니라 대부분의 현대인은 자신의 손실부터 생각합니다. 누군가에게 자신의 무언가를 내어주는 일은 물리적으로는 일방적인 손실로 간주됩니다. 무언가를 주는 일은 그야말로 물질의 이동이며 상대에게 물질이 옮겨간 것이기 때문에 자신의 직접적인 손해를 의미한다고 생각하는 것입니다.

종교 관계자들은 주는 일은 자신을 희생하는 일이기 때문에 미덕이라고 여기기도 합니다. 하지만 그들 또한 주는 일이 고통을 동반하는 희생이라고 전제하기에 주는 일을 손실로 생각한다는 점에서는 다르지 않습니다.

이렇게 생각하는 사람은 '물질의 양이 많으냐 적으냐'만을 판단의 기준으로 삼기 때문에 많이 가져야만 풍족해질 수 있다고 믿습니다. 하지만 사랑은 양으로 환산할 수 있는 것이 아닙니다. 이를 양으로 생각하는 사람은 물질적 성공이 중시되는 자본주의 경제 세계의 영향을 받아 존재하는 것과 소유하는 것을 구별하지 못하게 된 사람입니다.

가능한 한 많은 것을 손에 넣고 축적하려고 하는 사람은 그렇게 함으로써 자신이 상당히 비생산적이라는 사실을 보여주는 것과 다름없습니다. 왜냐하면 외부에서 손에 넣는 수단으로밖에 자신의 것을 확보할 수 없다는 사실을 인정하는 것이나 마찬가지니까요.

그런데 생산적인 사람에게는 주는 일이 손실이 아니라 기쁨입니다. 자신의 의지로 힘이나 물질을 다른 사람에게 자유롭게 주는 일 자체가 기쁨이 되는 것입니다. 이는 동시에 자신의 강한 생명력을 표현하는 일이기도 합니다. 자신이 풍족하면 누군가에게 주어도 또 스스로 얼마든지 생산할 수 있기 때문에 계속해서 아낌없이 줄 수 있습니다. 그렇다면 그처럼 생산적인 사람이란 도대체 어떤 사람일까요?

일단 주식이나 토지 등 물질을 소유함으로써 스스로 풍족하다고 인정하는 사람은 생산적인 사람이라고 할 수 없습니다. 물론 주식이나 토지는 투기나 차익 거래로 가치가 증가하는 때도 있지만, 이는 그저 물질의 증가에 불과하며 물질은 누군가에게 주면 줄어들기 마련입니다.

여기서 말하는 풍족하고 생산적인 사람의 알기 쉬운 예는 바로 능력을 갖춘 사람입니다. 능력 있는 사람은 물리적인 재산을 잃는 일이 생긴다고 하더라도 곧바로 가난으로 이어지지 않습니다. 왜냐하면 그 사람은 자기 능력이나 기술을 사용해서 얼마든지 다시 생산할 수 있기 때문입니다. 게다가 능력이나 기술은 줄어드는 일이 없고 누군가가 훔쳐 갈 일도 없습니다.

이는 꼭 특별한 능력을 갖춘 사람에게만 적용되지 않습니다. 남들에게 웃음을 주는 사람은 물론 기쁨, 흥미, 지식을 주는 사람 역시 풍족하다고 할 수 있습니다. 또 이런 식으로 자신을 주는 일을 가리켜 사랑이라 할 수도 있지요. 달리 말하자면 자기 자신의 능력을 아낌없이 주는 사람이 사랑할 줄 아는 사람입니다. 그런 사랑이야말로 상대방 안에 사랑을 낳을 수 있습니다.

이런 사랑은 상대를 이용할 수 있는 객체로 여기거나, 자유롭게 사용할 수 있는 도구 혹은 대상이나 재료 따위로 간주했을 때나, 실제 이해관계가 얽힌 거래 상대와의 관계에서는 생겨나지 않습니다. 사랑은 정말로 상대를 자신과 같이 가치 있고 소중한 사람으로 생각할 때만 생겨납니다. 사랑은 물질이 아니며 개개인의 진짜 생명 안에서만 태어나고, 다른 개개인의 생명 안에서만 전달되기 때문입니다.

사랑을 지탱하는 네 가지 요소

사랑한다는 행위의 능동성을 근저에서부터 지탱하는 것은 배려, 책임, 존경, 이해입니다. 이는 사랑할 줄 아는 사람이 실제로 사람을 사랑할 때 나타나는 상대방에 대한 태도이기도 합니다. 배려나 책임이 상대를 소중하게 생각하는 행위에 포함되어 있다는 사실은 경험상 누구나 알고 있을 겁니다. 그런데 이는 좋아하는 물건이나 귀중품을 소중히 대하는 개념과는 다릅니다.

만약 좋아하는 물건을 소중히 여기듯이 상대를 소중하게 여긴다면 그건 사랑이라는 이름에 걸맞은 행위가 아니라 지배 혹은 소유라고 부르는 게 합당합니다. 실제로 주위를 둘러보면 그런 식으로 연인을 자기 주위에 두면서 속박하고, 스스로는 그 사람을 깊이 사랑한다고 착각하는 경우도 적지 않습니다. 상대를 정말로 사랑한다면 반드시 존경과 이해가 포함되어야 합니다. 존경한다면 상대방을 지배하거나 자신에게 종속시키는 일은 결코 없을 겁니다. 상대의 개성과 인격 자체를 존경하면서 사랑하는 것이니까요. 그렇다고 해서 상대방이 시키는 대로 하거나 하인처럼 굴라는 말은 아닙니다.

자신과는 다른 상대를 있는 그대로 사랑하는 일은 기본적으로 상대에 대한 이해를 필요로 합니다. 이는 상대를 깊이 알고 싶다는 욕구입니다. 다만 이때의 이해는 이지적理智的인 이해가 아닙니다. 그런 학문적인 이지로 인간을 아는 일은 불가능하지요. 이 모든 것은 오직 사랑함으로써만 알 수 있습니다. 그런데 그렇게 알게 된 것은 말이나 논리적인 설명으로 환원할 수 있는 것이 아닙니다.

프롬은 그 이유를 자신의 저서 『삶의 사랑을 위하여』를 통해 다음과 같이 설명합니다.

"인간은 물건이 아니다. 인간은 생명체다. 항상 발전 과정에 있는 생명체다."

만약 사랑을 말이나 설명으로 환원할 수 있다면 그것은 처음부터 생명이 없는 단순한 물건에 불과할 테지요. 사랑을 통한 이해란 이지적인 이해의 차원을 훨씬 뛰어넘는 온몸과 마음의 이해라고 말할 만한 것이며, 이런 수준에 이르러야 비로소 상대방을 있는 그대로 체감할 수 있습니다. 그렇게 상대방을 이해하는 일은 곧 자신을 비롯한 인간 존재 자체를 체감하는 경험의 근거가 됩니다. 따라서 사랑하는 행위란 특정한 누군가에게 관심을 쏟는 일이 아닙니다. '세계 전체'에 관여하는 태도를 취하는 일입니다.

다양한 연애 드라마에서 전개되는 격정적인 러브 스토리처럼 자신이 좋아하는 한 사람만을 열렬하게 사랑한다면 이는 공생적 애착에 지나지 않습니다. 이런 사랑은 욕망의 변주이거나 자기중심주의가 확대된 것일 뿐 그 속에 진짜 사랑은 없습니다. 정말로 누군가를 사랑하면 그 사람을 통해서 모든 사람을 사랑하게 됩니다. 한 사람을 사랑하는 일이 세계 전체의 생명을 사랑하는 일로 자연스럽게 이어진다는 말입니다.

이처럼 누군가를 진정으로 사랑하면 인간에 대한 진정한 이해와 동정, 그리고 동일화가 생겨납니다. 이렇게 해서 우리가 두려워하던 고립이 소멸하는 것입니다.

이런 해석은 프로이트가 제창한 "사랑은 성적 본능이 승화된 것이다"라는 주장을 뒤집습니다. 프롬이 말한 사랑은 상대를 사랑하는 일을 통해서 모든 사람을 있는 그대로의 모습으로 긍정하는 일이기 때문입니다. 사랑하는 힘을 자신의 것으로 만들기 위해서는 혼자 있는 훈련이 필요합니다. 일이나 용무를 처리하는 반복적인 일상에서 완전히 동떨어져 혼자 있는 능력을 길러야 한다는 말입니다.

이에 대해 프롬은 다음과 같이 말했습니다.

"독립적 주체로 혼자 있을 수 있게 되는 것은 사랑할 줄 아는 사람이 되기 위한 필수 조건 중 하나다. 만약 자기 다리로 설 수 없다는 이유로 누군가에게 매달린다면 그 상대는 생명의 은인이 될 수 있을지는 모르지만, 두 사람의 관계는 사랑이 아니게 된다. 역설적이기는 하지만 혼자 있을 수 있는 능력이야말로 사랑하는 능력의 전제 조건이다."

프롬의 이런 주장은 어떻게 보면 뒤죽박죽인 것처럼 보입니다. 사랑하는 능력을 높이기 위해 실제로 사람을 사랑하는 행위를 권하기는커녕 그런 방향과는 완전히 반대되는 소극적인 행동을 권하는 것처럼 보이기 때문입니다.

하지만 프롬이 일종의 고독 상태로 존재하기를 권하는 데는 여러 가지 이유가 있습니다. 진정한 사랑을 하기 위해서는 우선 자본주의 경제 질서에 편입됨으로써 얻어진, 상업적 공리에 기반한 가치관을 스스로 떼어내야 하기 때문입니다.

세상의 가치관이 떨어져 나갈수록 벌거벗은 자기 자신이 드러납니다. 이 과정을 겪다 보면 자신의 정신이 무엇에 강하게 의존하고 있는지를 점차 분명히 자각하게 됩니다. 우리는 온갖 인공의 소리를 지우고, 오로지 자기 자신으로 존재해야 합니다. 왜냐하면 자기 자신으로 존재하지 않는 데 익숙해져 왔기 때문입니다. 이제는 그런 상태를 단절해야 합니다.

그다음에는 그저 호흡하는 것이 전부인 존재가 되어봅니다. 방법은 간단합니다. 의자에 앉아 허리를 곧게 펴고 눈을 가볍게 감고 자연스럽게 천천히 호흡에 집중하면 됩니다. 이렇게 하다 보면 온갖 잡념이 떠오르기도 합니다. 그것을 무시하고 가능한 한 아무것도 생각하지 말아야 합니다. 잘 안 되더라도 그만두어서는 안 됩니다. 정적 가운데 침묵하려고 애써봅시다. 그러면 자기 자신만 느껴지는 순간이 찾아옵니다. 이 연습을 20분씩 매일 아침, 그리고 매일 밤 자기 전에 해보세요.

이는 쉽게 말하자면 명상인데, 프롬이 이를 명상이라고 하지 않은 이유는 종교적인 느낌을 배제하기 위해서일 겁니다. 노하우가 거의 없는 명상이지만, 효과는 금방 나타납니다. 예전과 같은 초조함은 사라지고 마음이 차분해지며 정적이 기분 좋게 느껴질 것입니다. 그리고 집중력이 전에 없이 높아집니다. 자신을 둘러싼 세계가 또렷해진 듯한 느낌까지 받게 될 겁니다.

이 연습에 익숙해지면 어떤 일에 대처할 때 온몸으로 몰두할 수 있습니다. 그러면 일상의 모든 것에 자기 나름의 의미를 부여할 수 있습니다. 평범한 일에서 특별한 의미를 찾아내는 것이 아니라, 자기 나름의 의의와 반응을 몸으로 체감하게 되는 것입니다. 달리 말하자면 하루 중 쓸데없는 시간이 없어집니다. 그러면 항상 온몸으로 그 순간을 살게 됩니다. 이런 삶의 방식을 취하면 후회가 없어집니다.

이런 태도를 철저하게 지키면 인간관계에서도 온갖 수단, 책

략, 조종 따위가 없어지고 항상 순수한 자신만이 존재하게 됩니다. 어떤 의미로는 이질적인 현대인으로 살게 되지요.

대인관계에서 중요한 변화는 말투가 순수해진다는 것입니다. 진심으로 말하고, 마음을 열고 상대의 이야기를 들을 수 있습니다. 말투가 변하면 자연스럽게 인간관계도 변화합니다. 자기 이익을 위해서 상대를 의도적이고 일방적으로 몰아붙이는 사람과의 관계는 자연스럽게 줄어들고, 솔직하고 항상 자기 자신으로 있는 사람과의 관계가 늘어나기 때문입니다. 즉 인간적 깊이에서 우러나오는 말을 하는 상대가 자신에게 어울리는 상대가 됩니다. 그리고 이 관계에서만 진짜 사랑이 생겨납니다. 그뿐만 아니라 누가 그런 인간인지를 구별하는 통찰력도 자연스럽게 갖추게 됩니다.

프롬의 표현에 따르면 이것이 '인간의 각성'입니다. 진정으로 사랑하는 일은 각성한 인간에게만 가능합니다. 이 정도 경지에 오르면 어떤 일에도 절대로 흔들리지 않게 됩니다. 세상 사람들이 무엇에 관해 떠들든 간에 휘둘리지 않고 자신이 해야 할 일에 몰두할 수 있습니다. 이 능력은 뿌리 깊은 자신감으로도 이어집니다.

이 과정이 세속적인 성공이 보장되는 반짝이는 인생으로 이어진다는 말은 아닙니다. 고통과 실패, 불합리함과 시련 등 인생의 필연적인 괴로움을 피할 방법은 없습니다. 하지만 그런 괴로움도 받아들일 각오가 이미 되어 있고, 어려움을 극복하는 강인함을 가진 상태이기 때문에 보통 사람보다는 훨씬 단단하게 살 수 있습니다.

이런 논리는 돈과 공리성을 추구하는 자본주의 경제 사회 안에서는 너무나도 이질적으로 비칠지도 모릅니다. 하지만 이것이 가능한 이들은 인간 안에 있는 가장 깊은 욕구, 즉 모든 것을 사랑하는 욕구를 채운 진정한 인간입니다.

지지엔즈가 묻다

사랑에 빠진 사람들은 상대의 마음이 변할까 봐 걱정하는 경우가 많습니다. 이때 상대를 속박하려고 하면 상대방이 불쾌감을 느낍니다. 이는 본말전도라고도 할 수 있습니다. 하지만 자유를 주고 싶다고 해서 상대를 마음껏 놔주는 것 또한 위험하지 않을까요? 도대체 어떻게 하면 좋을까요?

하루히코가 답하다

프롬은 자신이 일방적으로 사랑하는 경우에만 사랑의 본래 의미가 있다고 말합니다. 그는 상대와의 관계나 이른바 '사랑의 밀고 당기기' 같은 것에는 전혀 무게를 두지 않았습니다. 프롬에 따르면, 사랑의 밀고 당기기, 걱정, 미혹은 '공생적 애착'을 낳습니다. 이는 자기중심주의가 확대된 것입니다. 이를 종합해보면 결국 일반적인 연애에서 진정한 사랑은 매우 드물다고 할 수 있을 것 같습니다.

"능동적으로 자기 자신으로 존재하며
생산적 방향으로 나아가지 않는 한,
아무리 사랑에 성공하려 노력해도 반드시 실패하기 마련이다."

_에리히 프롬

"인간은 자유라는 형벌에 처해 있다."

장 폴 사르트르(Jean Paul Sartre, 1905~1980)

프랑스의 철학자이자 소설가. 인간은 사전에 본질이 규정된 존재가 아니라 인생의 무수한 선택을 통해서 자기 스스로 본질을 만들어 내는 실존적 존재라고 주장하는 실존주의 철학자로 유명하다.

나를 만들어가는 것은
오로지 나 자신이다

인간의 본질은 무엇일까요? 고대 그리스 시대부터 현대에 이르기까지 많은 철학자가 인간의 본질을 탐구해왔습니다. 만약 인간은 신이 창조한 것이기 때문에 신의 피조물이자 하인이라고 생각하는 사람이 있다면 그 사람은 그런 식으로 가르치는 종교의 신자일 겁니다. 물론 그렇게 믿는다고 하더라도 그것이 진실이 되는 것은 아닙니다. 신앙의 깊이와 진실이 꼭 일치하는 것은 아니기 때문입니다.

인간에게 본질이 있는지, 그리고 그것이 정확히 무엇인지는 아직도 분명하게 밝혀지지 않았습니다. 성서에도 인간의 본질이 무엇인지 정확하게 기록되어 있지 않습니다. 성서에 기록되어 있는 것은 신이 인간을 창조했다는 것뿐입니다. 따라서 성서를 경전으로 하는 종교에서는 인간을 신의 피조물로 여깁니다.

그런데 보통 무언가가 만들어질 때는 사전에 어떤 의도와 목적이 존재합니다. 그 의도와 목적이 만들어지는 존재의 본질이 되지요. 우리 주변을 둘러싼 많은 생활 도구는 그런 식으로 만들어집니다. 미리 본질을 생각하지 않고 막연하게 만들어지는 물건은 거의 없습니다. 조직 또는 시스템을 구성하거나 상품을 만들 때도 마찬가지입니다.

성서에 기록되어 있는 것처럼 신이 인간을 창조한 것이라면 어떤 의도와 목적이 있었을 테고, 그것이 인간의 본질일 겁니다. 하지만 성서 안에서는 그 본질에 대한 설명을 찾아볼 수가 없습니다. 놀라운 사실은 많은 사람이 자각적인 무신론자임에도 마치 이런 종교의 신자처럼 보편적인 인간성이 있다고 생각한다는 것입니다. 이 사고에서 출발해서 '인간이란 무엇인가'에 대해 토론한다면 그것 또한 본질주의의 변종 중 하나입니다.

사르트르는 객관적 실재로서의 신이 존재하지 않기 때문에 인간은 신의 피조물이 아니라는 견해를 가지고 있었습니다. 그는 인간이 사전에 어떤 의도나 목적 없이 이 세상에 갑자기 나타난 존재일지도 모른다고 생각했습니다. 그런 의미에서 "인간의 실존은 본질에 앞선다"라고 말했습니다.

여기서 실존이란 프랑스어와 영어의 existence, 독일어의 Existenz를 뜻합니다. 즉 '현실에 존재하고 있다'라는 의미입니다. 본질은 항상 관념일 뿐이지만 실존은 현실에 존재하고 있는 것을 가리킵니다.

　사르트르는 본질과 실존의 차이를 설명하기 위해 페이퍼 나이프를 예로 들었습니다. 페이퍼 나이프는 일반적으로 종이 봉투를 잘라 여는 도구라는 관념, 즉 본질이 먼저 있고, 그 본질에 따라 만들어진 물건입니다. 따라서 페이퍼 나이프는 '목적이나 용도가 존재보다 앞서 있다'라고 할 수 있습니다. 요컨대 존재하기 전부터 존재 이유가 미리 결정된 것입니다.

　그렇다면 우리 인간은 과연 어떨까요? 인간도 페이퍼 나이프나 가위 같은 도구처럼 몇 가지 목적을 완수하기 위해서, 혹은 어떤 용도를 위해서 만들어진 것일까요? 인간의 본질이 존재에 앞서서 설정된 것일까요? 그렇지는 않을 겁니다. 인간은 본질도 목적도 모른 채로 어쨌든 이 세상에 실존하게 되었습니다. 태어날 때부터 경찰이나 소방관인 아기는 없지요.

　물론 다른 관점도 있습니다. 어떤 사람은 인간 안에 있는 동물적 본능이야말로 인간의 본질이 아니냐고 주장하기도 합니다. 그렇지만 만약 그 생각처럼 인간의 행동이 항상 본능에 매여 있어서 본능적 행동밖에 하지 못한다면 인간의 본질은 동물과 같이 본능이 될 겁니다.

　하지만 현실은 어떻습니까? 인간은 쉽게 본능을 억제할 수 있습니다. 또 본능과는 전혀 다른 행동을 할 수도 있습니다. 그러므로 인간의 본질이 본능이라고 안이하게 결론을 내릴 수는 없습니다.

그래서 사르트르는 미리 심어진 본질이 없는 존재, 따라서 어떻게도 정의할 수 없는 존재가 바로 인간이라고 말했습니다.

우리는 자유롭기 때문에 고통스럽다

만약 인간에게 본질이 있다면 인간은 자유롭지 못한 존재가 됩니다. 왜냐하면 인간이 그 본질을 신체나 정신 안에 가지고 있다면 인간의 행동이나 생각은 그 본질에 따른 틀 안에서만 움직이게 되기 때문입니다.

따라서 사르트르는 인간에게는 본질이라고 부를 만한 것이 결핍되어 있다고 생각했습니다. 그의 자유론은 이처럼 본질에 의한 얽매임이 없다는 생각에서 탄생합니다. 그는 우리에게는 애초부터 본질 따위가 없기 때문에 누구나 자유로운 선택과 행동을 할 수 있다고 주장했습니다.

물론 선택을 하지 않는 것 또한 자유입니다. 하지만 이 자유는 견디기 힘든 속박에서 해방되었을 때 얻게 되는 경사스러운 자유는 아닙니다. 사르트르는 우리가 가진 자유는 오히려 불안투성이인 자유라고 지적합니다.

우리는 왜 살아가면서 불안감을 느낄까요? 이는 선택과 행동의 이유로 자신의 의사 이외의 근거를 도저히 찾아낼 수 없기 때문입니다. 그뿐만 아니라 우리는 자신의 행위를 정당화하기 위한 기준조차 가지고 있지 않습니다. 즉 절대로 변명을 할 수 없는 상태에 놓여 있다는 말입니다.

예를 들어 엄청나게 굶주린 당신의 눈앞에 맛있는 음식이 놓여 있다고 해봅시다. 그 음식은 다른 사람의 것입니다. 하지만 지금은 당신 외에 아무도 없습니다. 이 상황에서 당신은 과연 어떤 행동을 선택할까요? 본능이 인간의 본질이라면 당장 음식을 먹기 시작할 겁니다. 양심의 가책 따위는 조금도 느끼지 않고 말입니다. 하지만 인간은 그렇지 않습니다. 망설이거나 그 음식을 먹었을 때 어떤 일이 발생할지를 자기 나름대로 이리저리 재고 나서 어떤 행동을 할지 선택하겠지요.

만약 이슬람 문화권에 사는 이슬람교도가 이런 상황에 놓였다면 주저 없이 음식을 먹을 겁니다. 그리고 이 경우 그들은 타인의 물건을 훔쳤다는 꺼림칙함조차 느끼지 않습니다. 왜냐하면 이슬람 성전인 『코란』의 가르침에 따르면 굶주렸거나 빈곤할 때는 타인의 것을 허락 없이 취해도 죄가 아니라고 적혀 있기 때문입니다. 그런 이슬람교도의 생각과 행동에는 '성전에 기록되어 있는 말'이라는 확고한 근거가 있습니다. 따라서 무슨 일을 하더라도 그들 자신이 책임질 일은 없고, 자신은 성전에 따른 것뿐이라고 변명할 수 있지요. 다시 말해 남의 것을 취하는 잘못을 하더라도 책임을 전가할 수 있다는 뜻입니다.

기독교도 또한 자신들의 성전인 성서에 자신의 윤리관과 행동 규범의 근거를 둡니다. 그런데 기독교에서는 이슬람과는 반대로 남의 것을 허락 없이 취하는 것은 도둑질이라는 죄악에 해당합니다. 따라서 기독교를 믿는 사람이라면 타인의 식량에 손을 대는 일을 주저하게 될 겁니다.

종교가 아니라 현행의 법률을 중시하는 사람 또한 종교의 신자와 비슷한 근거를 가지고 있습니다. 왜냐하면 그들은 법률에 저촉되느냐 아니냐에 따라, 또 세상의 일반적인 풍조에 비추어 자기 행동을 조절하기 때문입니다.

자신이 사는 사회의 문화와 전통, 관습을 행동 윤리의 기준으로 삼는 사람도 마찬가지입니다. 이런 사람들은 하나같이 기록이나 자신의 기억에 있는 과거의 예를 절대적인 기준으로 간주하고, 그것에 따르는 형태로 현재의 행동을 선택합니다. 스스로 종교나 전통에 구애되지 않는다고 생각하는 사람들조차 그렇게 행동하며, 자신이 그렇게 행동하고 있다는 사실조차 깨닫지 못합니다.

다시 말해 자신이 어떤 인간인지는 미리 정해져 있지 않고, 어떤 행동을 선택할 때마다 자기 자신을 결정짓는 것입니다. 바로 여기에 사르트르가 "인간은 스스로 존재 의미를 만들어가는 창조적 존재"라고 주장하는 까닭이 있습니다.

태어날 때부터 잔혹한 인간은 없습니다. 태어날 때부터 선한 인간도 없습니다. 악행을 저지르기에 잔혹한 인간이 되고, 선행을 하기에 선한 인간이 되는 것입니다. 인간은 행동을 통해서 그때그때 자신을 창조해나갑니다. 이것이 '실존'으로서 인간의 모습입니다. 또한 행동의 자유에는 항상 책임이 따릅니다. 왜냐하면 심판자에게 허가받은 자유가 아니기 때문입니다. 자신이 그때마다 자유롭게 선택하는 실존의 자유가 다른 사람들을 불쾌하게 만들지도 모릅니다. 적대적인 행위라고 간주하거나, 반란자 취급을 받을지도 모릅니다. 그렇게 되었을 때도 자신의 행동에 대한 책임은 바로 자기 자신에게 있습니다.

여기에 인간의 딜레마가 있습니다. 예로부터 내려오는 신이나 종교, 민족의 관습, 세간의 정세 등 뭐든 얌전히 따르기만 한다면 이는 물건과 같은 존재입니다. 우리는 물건처럼 사는 삶에서 벗어나 인간답게 실존하려면 무수히 많은 책임을 동반한 고통을 감수해야 합니다. 책임 없이 안전하게 설 곳 따위는 존재하지 않습니다.

인간이 이처럼 불안정하고 옴짝달싹 못 하는 상황에 놓여 있는 것을 두고 사르트르는 "인간은 자유라는 형벌에 처해 있다"라고 표현했습니다. 우리가 인간인 이상 이 자유라는 형벌에서 벗어날 수는 없다는 말입니다.

제2차 세계대전 뒤인 1950~1960년대에 사르트르의 실존주의가 세계의 젊은이들 사이에서 유행했습니다. 그런데 이런 풍조가 생겨난 데는 허점이 있습니다. 당시 젊은이들이 사르트르의 『존재와 무』를 읽고 그의 말을 오해해 자유의 제한 없는 분방함이 용인되었다고 착각했기 때문입니다. 젊은이들은 무책임함을 동경하면서 방랑자적 삶의 방식을 인정받았다고 생각했습니다.

자기를 내던지며 산다는 것의 의미

사르트르는 사물에 '즉자卽自(프랑스어 en soi, 독일어 an sich)'
라는 이름을 붙였습니다. 그리고 인간에게 '대자對自(프랑스어
pour soi, 독일어 für sich)'라는 이름을 붙였지요.

그가 이런 식으로 이름을 붙인 것은 사람과 사물을 관계의 측
면에서 고찰했기 때문입니다. 사물을 가리키는 '즉자'란 '그 자
체로서 존재한다'라는 의미입니다. 사물은 다른 사물과 관계하
지 않습니다. 또 사물은 그것 이외의 사물이 아닙니다. 사물은
다른 사물이 될 수 없습니다. 이는 곧, 사물은 언제까지고 사물
일 수밖에 없다는 뜻입니다.

그런데 '사물은 그것 이외의 사물이 아니다'라는 표현이 어딘
가 이상하다고 생각될지도 모릅니다. 인간인 우리도 자신 이외
의 것이 아니라는 생각부터 들기 때문입니다.

사르트르는 인간은 끊임없이 자신 이외의 것이 되려고 하는
존재라고 생각했습니다. 왜냐하면 사물과는 달리 인간에게는
의식이 있기 때문입니다. 인간은 의식을 가진 존재이기 때문에
사물이나 다른 인간, 그리고 자기 자신 사이에 관계를 형성합니
다. 그래서 인간을 '대자'라고 칭한 것입니다. 여기에서 '대對'란
'자기 자신에게 대답한다'라는 뜻입니다. 그리고 사르트르는 애
초에 모든 인간에게 갖춰진 의식의 활동 방식 자체가 실존적인
성격을 띤다고 주장했습니다.

그렇다면 의식이란 무엇일까요? 우리의 의식은 끊임없이 무언가를 좇습니다. 무언가를 지향하지 않는 막연한 의식은 있을 수 없습니다. 그런 의미에서 우리의 의식은 생체적인 감지 장치 따위가 아니라는 사실을 알 수 있습니다. 만약 의식이 뇌 안에 있는 특수한 감지 장치 같은 것이었다면, 장치의 기능을 사용하지 않을 때도 있겠지요. 우리는 휴식을 취하는 것을 의식이라고 부르지 않습니다. 의식은 반드시 어떤 대상을 좇고 있을 때만 의식이라고 불릴 만한 활동을 보입니다.

하지만 의식이 어떤 대상을 좇고 있을 때, 의식은 온통 그 대상에만 쏟아지고 있기 때문에 자신이 대상을 좇고 있다는 현재의 사태를 전혀 자각하지 못합니다. 달리 말하면 자신에 대한 의식이 완전한 공백, 즉 무無의 상태가 되어야 비로소 온전히 활동할 수 있다는 말입니다. 의식이 활동할 때, 자신을 무로 만드는 일은 필수 불가결한 일입니다. 의식이 존재하지 않는다고 생각될 때야말로 의식이 존재하고 활동한다는 뜻이지요. 또한 의식은 좇고 있는 대상 이외의 것을 철저하게 무로 만듭니다. 그러지 않으면 의식이 대상을 좇을 수 없기 때문입니다.

무가 필요한 것은 의식뿐만이 아닙니다. 실존적으로 살기 위해서 우리는 자신을 무로 만들어야 합니다. 당신이 프로 축구선수가 되기로 했다고 해봅시다. 목표를 이루기 위해서는 체력을 다지고 축구의 기본기를 기르는 연습을 시작해야 합니다. 이는 어제까지 축구와 인연이 없었던 자신의 모습을 부정하고, 새로운 자신이 되려고 하는 행위입니다. 축구 선수가 되려고 하는 자신의 모습은 지금까지는 없었던 것이며 그저 미래로만 볼 수 있습니다.

미래의 자기 모습이 되기 위해서 지금부터 삶의 방식을 바꿔가는 자세를 사르트르는 '기투企投(프랑스어 projet)'라고 불렀습니다. 즉 실존적으로 사는 일이란 기투하면서 사는 일을 뜻합니다. 새로운 자신이 되려고 하는 기투는 연습이나 체력 다지기 등에 가치와 의미를 부여하게 됩니다. 젊은 사람이 무언가를 지향할 때 생기가 넘치는 이유는 자기 미래를 위해 충분히 의미가 있고 가치가 있는 일을 하고 있다는 기쁨을 느끼기 때문입니다.

하지만 미래의 모습과 현재의 모습 간에는 아직 상당한 거리가 있습니다. 당신이 오늘부터 축구 연습을 시작했다고 하더라도, 아직은 아마추어 축구 선수 수준에도 미치지 못하겠지요. 시간이 지나면 반드시 프로 축구 선수가 될 거라는 보장도 없습니다. 지금 단계에서 하는 기초적인 훈련은 미래의 모습을 만드는 데 어떤 의미나 가치가 있을 수는 있겠지만, 미래의 입장에서 보면 지금의 자신은 사실 아직 누구도 아닙니다.

그러므로 현재 여기에 있는 것은 그저 허무뿐입니다. 무이기는 하지만, 이 무 없이는 기투 역시 성립하지 않습니다. 자신이 어떤 기투를 한다고 하더라도 당분간 자기 자신을 계속해서 무로 만들지 않으면 기투가 이어지지 않는 것입니다.

어찌 됐든, 그런 기투를 계속해서 드디어 프로가 되었다고 해봅시다. 그렇다고 해도 그 시점에서 목표로 하던 자기 자신이 완성되고, 그 상태로 영원히 머무는 것은 아닙니다.

프로가 되었다고 하더라도 '더 강해지자', '주전 선수가 되자', '유명 팀에 스카우트될 정도로 세계적인 선수가 되자' 등의 기투가 이어집니다. 즉 기투를 하는 동안 현재의 자신은 끊임없이 무로 있어야 합니다.

이것이 바로 실존적인 자유로 사는 일의 속박입니다. 이런 삶은 언제까지고 사라지지 않는 불안을 만들어냅니다. 그런 의미에서 이는 인간에게 부과된 피할 수 없는 형벌이라고 할 수 있습니다. 왜냐하면 무언가가 되기 위해서 사는 일 자체가 끊임없는 기투의 연속이기 때문입니다. 이렇게 실존적으로 사는 이상 인간에게는 항상 무가 따라다니게 됩니다. 사르트르의『존재와 무』라는 책 제목에 등장하는 '무'는 이런 의미입니다. 그리고 '존재'는 사물과 인간을 가리킵니다.

그런데 달리 생각해보면 이런 식으로 무가 따라다니는 상태에 있기 때문에 우리 인간은 삶에서 의미를 찾아낼 수 있습니다. 과거와 현재의 자신을 계속해서 극복하고, 새로운 존재를 향하는 일을 통해서만 생의 의미를 발견할 수 있기 때문입니다.

자신이 세계 제일의 부호가 되어서 세상의 온갖 진귀한 물건을 사 모아 저택 안에 두었다고 해봅시다. 당신은 그렇게 함으로써 '인생이 의미 있는 것으로 가득하다'며 만족할까요? 그렇지는 않을 겁니다. 왜냐하면 자신이 주체적으로 그 안의 무언가에 관여하고, 이를 통해 자신을 새롭게 변화시키려고 하는 행동을 할 때 비로소 의미와 가치가 생겨나기 때문입니다. 어떤 물건이 그곳에 존재한다는 사실만으로는 아무런 의미와 가치가 없습니다. 자신이 거기에 관여하고 있다는 사실이 의미와 가치를 낳습니다. 그것은 당연히 자신이 느끼는 의미와 가치입니다.

하지만 행동으로써 관여하고 있는 것이기 때문에 자신만의 의미와 가치에만 머무르지는 않습니다. 타인에게도 어떤 영향을 끼칩니다. 이는 일반적으로 세계를 변모시키는 일이 됩니다. 사르트르는 『존재와 무』 제3권에서 다음과 같이 말했습니다.

"행동한다는 것은 세계의 모습을 바꾸는 일이다."

인생이나 세계의 의미는 어딘가에 숨겨져 있는 것이 아닙니다. 인생의 의미 같은 것이 어딘가에 조용히 숨어서 당신이 발견해주기를 기다리고 있지는 않다는 말입니다. 사르트르의 말처럼, 자신이 인생이나 세계에 관여할 때마다 나름의 의미가 생겨납니다. 그것은 동시에 자신의 선택에 의해서 의미를 가지고 나타나는 인생이나 세계에 스스로 책임을 져야 한다는 뜻이기도 합니다.

무언가가 되고자 하는 사람만이 실존적으로 사는 것은 아닙니다. 무언가에 고통받고, 그 고통에서 탈출하려는 사람 역시 실존적으로 살고 있다고 할 수 있습니다. 왜냐하면 지금의 상황을 부정하고 미래에 시선을 던지기 때문입니다. 그들은 미래의 고통 없는 상황에서 의미와 가치를 찾아내려고 합니다.

이 경우에도 현재의 고통스러운 상황을 무로 만들려 하고, 아직 현실이 아니기 때문에 지금은 무에 불과한 미래의 고통 없는 상황을 지향합니다. 이처럼 고통에서 벗어나고자 하는 사람도 실존해서 사는 사람 특유의 무를 안고 있습니다. 사르트르는 이런 의미에서 인간은 무를 세계에 끌어들이는 존재라고 생각했습니다.

사르트르가 가졌던 인간관의 특징은 인간을 스스로 존재의 의미를 만들어가는 창조적 존재로 봤다는 점에 있습니다. 이는 스스로 뜻한 자가 된다는 의미가 아닙니다. 그저 스스로 한 행동을 고스란히 반영하는 자가 된다는 말입니다. 언뜻 들어서는 분별하기 어려울 수도 있지만, 욕망하는 일과 행동하는 일은 전혀 다릅니다.

그런데도 우리는 여전히 자신이 행동하기 전에 그 행동이 실현되었을 때의 결과를 이리저리 예상한 다음에야 행동에 착수한다고 생각합니다. 혹은 전례를 참고하거나 어떤 지침이나 윤리, 법률, 지금까지의 관습, 종교나 신의 지도에 따라서 행동하고 있음이 분명하다고 여기는 경향이 있습니다. 하지만 그것은 단순한 착각입니다. 왜냐하면 스스로는 전례, 법률, 인습, 신의 말 등에 따라서 신중하게 행동했다고 생각할지 몰라도 실제로는 자신이 그 행동을 자기 책임하에 선택하기 때문입니다. 그것이 신의 명령이라고 간주하는 경우에도 마찬가지입니다.

사르트르는 이에 대한 예로 『실존주의는 휴머니즘이다』에서

덴마크의 철학자 쇠렌 오뷔에 키르케고르Søren Aabye Kierkegaard가 '아브라함의 불안'이라고 부르던 구약성서에 기록된 에피소드를 인용했습니다.

두터운 신앙을 가진 족장 아브라함은 "네 아들 네 사랑하는 독생자 이삭을 데리고 모리아 땅으로 가서 내가 네게 일러준 것처럼 그를 번제로 드리라"라는 신의 말씀을 들었다. 아브라함은 그 말대로 아들을 데리고 가서 줄로 묶고 제단 바위 위에 올렸다. 그리고 칼로 이삭을 죽이려고 하는 순간, 하늘에서 천사의 목소리가 들려왔다. "그 아이에게 네 손을 대지 말라. 네가 네 아들 네 독자까지도 내게 아끼지 아니하였으니 내가 이제야 네가 하나님을 경외하는 줄을 아노라." 그리고 아브라함이 얼굴을 들자 뿔이 수풀에 걸려 있는 숫양이 있었다. 아브라함은 그 숫양을 잡아서 아들 대신 신에게 번제로 바쳤다.

종교화의 소재가 되기도 한 이 에피소드는 기독교 신자들 사이에서는 하나님에 대한 아브라함의 굳은 신앙을 상징하는 이야기로 잘 알려져 있습니다.

하지만 사르트르는 이 이야기에서 실존적 선택을 할 때 인간이 느끼는 불안과 책임에 대한 부담감을 읽어냈습니다. 아브라함은 정말로 신의 목소리를 들었을까요? 신의 목소리를 듣는 사람은 현대에도 있다지만, 어떤 방법으로 그것이 진짜 신의 목소리라고 증명할 수 있을까요? 아브라함은 처음에 들은 목소리를 신의 목소리라고 생각했기에 가슴이 두근거렸을 것입니다. 그리고 다음에 들은 목소리는 천사의 목소리라고 생각했습니다. 왜 사막에 사는 악마의 목소리라고 생각하지 않았을까요? 이는 아브라함에게 신앙이 있었기 때문입니다. 그 신앙은 아브라함 자신이 정한 것입니다. 또 하늘에서 들려오는 목소리가 누구의 것인지 증명할 길이 없는데, 그것이 신의 목소리라거나 천사의 목소리라고 판단한 사람은 누구일까요? 바로 아브라함 자신입니다.

우리도 마찬가지입니다. '내가 믿는 종교의 신조에 따라서'라거나 '법률에 부합해서'라거나 '다른 사람들에게 맞춰서'라고 변명하지만, 그 행동을 한 것은 결국 자기 자신입니다. 무엇을 어떤 식으로 해석했든 그것은 자기 자신이 한 일입니다. 그리고 자신이 한 일이 바로 자기 존재를 만듭니다. 그 행동이 운명이었다고 주장하면 도망갈 구멍이 만들어지는 거죠.

물론 아브라함처럼 우리 또한 어떤 행동을 할 때 항상 불안할 수밖에 없습니다. 하지만 불안을 안고 있으면서도 우리는 어떤 행동을 취해야 합니다. 사르트르는 이에 관해 다음과 같이 말했습니다.

"불안은 우리를 행동에서 멀어지게 하는 커튼이 아니다. 불안이라는 것은 우리가 착수하는 행동의 일부다."

나는 내 선택의 결과물이다

당신은 이제 어쩌면 신이라는 존재가 있는 편이 오히려 살기 쉽다고 생각할지도 모릅니다. 맹목적으로 신의 지시에 따르면 되기 때문에 고민하거나 주저하지 않아도 될 테니까요. 신이 아니더라도 자신보다 위에 있는 사람이 있다면, 그에게 의존하는 편이 본인 부담이 적습니다. 그래서 우리는 행동하기 전에 누군가에게 조언을 구하고는 합니다. 그 조언을 참고하면 틀림없이 냉정하고 이성적인 판단을 내릴 수 있을 것으로 생각하기 때문입니다.

하지만 그렇게 하더라도 우리는 결국 혼자서 판단하고 행동하는 것이나 마찬가지입니다. 왜냐하면 조언자를 스스로 선택하기 때문이지요. 우리는 누구를 조언자로 고르면 어떤 조언을 받을 수 있는지를 이미 알고 있습니다. 스스로 결정하지 않는 척하면서 자기 자신을 속이지만, 사실 우리는 처음부터 스스로 결단을 내립니다. 앞에서 이야기한 아브라함의 경우도 마찬가지입니다.

인격적인 이유, 혹은 법이나 제도 등에서 어떤 행동 지침을 찾을 수 있는 경우가 아니라 단순히 감정적인 이유로 어떤 선택을 한 경우라도 그 행동에 대한 책임을 감정에 전가할 수는 없습니다. 예를 들어 어떤 사람이 "나도 모르게 피가 거꾸로 솟아서 돌발적으로 그런 행동을 하고 말았다"라고 한다면 이는 결코 사실을 말하는 것이 아닙니다. 책임을 전가하기 위한 변명일 뿐이지요. 어떤 충동이 있었다고 하더라도 결과적으로 그 행동을 취한 사람은 다른 누군가가 아니라 바로 자기 자신이기 때문입니다. 아무리 강한 충동이나 욕구가 있었다고 하더라도 다른 행동을 선택할 여지는 얼마든지 있었을 겁니다. 하지만 그런 식으로 행동한 것은 자기 자신이며, 따라서 자신이 취한 행동에 책임을 져야 합니다.

감정이나 마음의 움직임이 먼저 있고, 행동이 이를 따라가는 것이 아닙니다. 순서가 반대입니다. 어떤 감정을 만들어내는 것은 자신의 행동입니다. 그러므로 자신이 돌봐주거나 소중히 대할 일이 없는 아주 먼 곳에 사는 타인에게는 깊은 사랑의 감정이 생길 수가 없습니다. 사랑하는 행동이 구체적으로 있고 난 뒤에 사랑의 감정이 만들어지기 때문입니다.

우리 한 사람 한 사람의 행동 안에만 현실이 존재할 수 있다는 사실을 깨달아야 합니다. 아무리 많은 현실, 즉 가능한 모든 일을 몽상해봤자 그것은 진짜 현실이 아닙니다. 멋지게 보이는 몽상을 선택해서 취해본들 그것은 현실의 선택이 아니기 때문입니다. 현실은 우리가 실제로 행한 것으로만 구성됩니다.

주변을 둘러보면 '집안 사정이 좋지 못했으니까', '시대적인 조건이 갖춰져 있지 않았으니까' 등의 이유로 자신이 소망을 이루지 못했다고 한탄하는 이들을 어렵지 않게 찾아볼 수 있습니다. 그들은 환경이나 시대가 받쳐주지 않았기 때문에 자신이 원하는 사람이 되지 못했다고 주장합니다. 이는 자기 자신에 대한 거짓말과 궤변에 지나지 않습니다. 조건이 갖추어져 있기 때문에 행동할 수 있는 것이 아닙니다. 기투하고 행동하는 것은 항상 자신일 수밖에 없기 때문입니다.

고흐가 화가가 될 수 있었던 것은 그가 그림을 그리는 행동을 했기 때문입니다. 그림을 그리고 싶다고 생각만 하면서 오늘내일 배불리 먹기 위해 다른 일을 하고 있었다면 그는 결코 화가가 되지 못했을 겁니다.

행동은 창조와도 같습니다. 현실의 자신을 만들어내는 일이기 때문입니다. 재능이 있어서 훌륭한 그림을 그릴 수 있는 것이 아닙니다. 그림이 훌륭한지 아닌지는 나중에 따라오는 판단에 지나지 않습니다. 피카소 역시 자기 전체를 기투해서 그림을 그렸기 때문에 자신을 오롯이 담은 그림을 그릴 수 있었습니다.

또한 희망은 기투 안에만 존재합니다. 화가의 예로 말하자면, 그림을 그리고 싶다는 희망을 안고 다른 일을 하고 있다면 그 희망은 결실을 보지 못합니다. 자신을 살리고 싶다면 실제로 기투하는 행동을 해야만 합니다.

그런데 기투하지 않고 사는 일이 가능할까요? 절대로 불가능합니다. 설령 기투하지 않는 것처럼 보인다고 하더라도 우리는 자기도 모르는 사이에 잡다하고 사소한 일에 기투하고 있습니다. 자기 자신을 걸고 정면에서 기투하고 있는 타인의 입장에서 보면 상당히 소극적인 방식처럼 보일지라도 말입니다.

그렇다면 만약 기투하지 않고 행동도 하지 않는 매우 소극적인 삶의 방식을 취한다면 그것은 아무것도 선택하지 않는 삶일까요? 그렇지 않습니다. '선택하지 않는다', '행동하지 않는다' 또한 하나의 어엿한 선택이기 때문입니다.

그 전형적인 예로는 자기 주변에서 악행이 이루어지는 것을 보고도 못 본 척하는 일입니다. 방관하는 행동 역시 악행에 가담하는 일과 다름없습니다. 이런 일이 쌓이면 그곳은 악행이 가득한 장소가 됩니다. 왜냐하면 우리 개인 한 사람 한 사람의 행동거지는 보편적인 도덕을 바탕으로 이뤄지기 때문입니다. 내가 무엇을 고르느냐, 어떻게 행동하느냐는 다른 사람에게도 그 선택과 행동을 허용함을 뜻합니다.

자신의 행동이 현실적인 윤리를 창조합니다. 그러므로 우리는 자신의 선택과 행동에 책임을 져야 합니다. 자신의 선택과 행동이 어떤 특별한 규범을 따르고 있기만 하면 되는 것이 아니라, 그 선택과 행동을 다른 사람이 해도 긍정할 수 있어야 합니다. 자신만 자유롭고 다른 사람은 그렇지 않아도 된다는 건 옳지 않은 생각입니다. 자신이 자유롭다면 다른 사람 또한 자유로워야 합니다. 그런 의미에서 실존주의는 행동의 교의이며, 일종의 휴머니즘이라고 할 수 있습니다.

자신이 한 일이 자기 존재를 만든다

두 철학자가 나누는 지적 대담

지지엔즈가 묻다

사르트르는 인생이 이 세계와 관련되어 있기 때문에 의미가 있다고 생각했습니다. 서로 다른 사람들이 각자 이 세계와 다른 관련성을 가진다는 뜻인데, 그렇다면 그 관련성에 의해 각자 다른 인생의 의미가 생기는 것일까요? 아니면 각자 다른 인생의 의미 안에 어떤 공통점이 있는 걸까요?

하루히코가 답하다

각각의 사람이 저마다 자신만의 형태로 이 세계에 관여하며 살고 있습니다. 이는 동시에 자신과 세계를 창조하는 일이라고 할 수 있습니다.

그리고 제각기 다른 삶의 방식들이 아무런 관련이 없다고 할 수는 없습니다. 왜냐하면 타인의 삶의 방식은 많든 적든 내 삶의 방식에 영향을 주기 때문입니다. 즉 자립한 삶의 방식을 취하는 사람이 많아지면 그것은 다른 사람에게도 영향을 미치고, 전체로서 이전보다 좋은 세계를 창조하는 일로 이어질 것으로 생각합니다.

내 삶을 바꿔준 모든 철학자에게

예전에 어느 라디오 방송에서 진행자에게 "지금까지 가장 많은 영향을 받은 철학자나 철학 사상이 있나요?"라는 질문을 받은 적이 있습니다.

이 질문은 한순간에 저를 타임머신에 태웠습니다. 저는 처음으로 철학을 접했던 열다섯 살 무렵으로 되돌아갔고, 빛과 그림자가 스치면서 수십 년 후의 현재로 되돌아왔습니다. 기억은 구름 조각처럼 온 세상에 흩어졌고, 저는 격세지감을 금할 수 없었습니다.

저는 숨을 깊이 들이쉬었습니다. 이 질문은 마치 "청춘 시절의 어떤 순간이 가장 빛났습니까?"라거나 "인간으로서 가장 가치 있는 성장을 이룬 때는 언제입니까?"라고 묻는 것 같았습니다. 저는 고개를 좌우로 흔들고 한숨 섞인 말투로 이렇게 대답했습니다. "고를 수가 없습니다."

열다섯 살 때 리처드 바크Richard Bach의 『갈매기의 꿈』을 읽은 저는 인생의 한계에 마음을 빼앗기고, 모든 장벽을 뛰어넘어 불가능을 가능하게 만드는 일을 꿈꿨습니다. 그 무렵에는 철학에 아주 많은 환상을 안고 있었고, 인생에 무한한 가능성이 있다고 생각했습니다. 하지만 지식이 늘어날수록 현실에 굴복하고, 인정과 도리에 어긋나는 환상을 품는 일은 줄어들었습니다.

열여덟 살을 앞두고 논리 오류에 대한 이론과 존재주의의 생명관을 배운 뒤 저는 논리적 사고와 허무주의적인 인생관에 흥미를 느끼기 시작했습니다. 얼핏 이 두 가지는 커다란 차이가 있는 것처럼 보이지만, 의제가 달랐기 때문에 사실 당장에 충돌하는 일은 없습니다. 게다가 온갖 사상을 온전히 이해하지 못했기 때문에 이론의 배경에 있는 일부 기본적 원칙이 충돌하는 일이 있더라도, 절대로 서로 받아들일 수 없을 것 같다는 감각도 존재하지 않았습니다.

그리고 대학교 철학과 시험을 준비하기 위해서 처음으로 '유심론唯心論'을 공부했습니다. 이 이론은 세계의 온갖 물질은 모두 환상이며 마음만이 실제로 존재한다고 주장하는데, 이는 저에게 실로 큰 충격을 안겨주었습니다. 이 이론은 세계에 대해서 지금까지와는 전혀 다른 상상력을 불러일으켰고, 저는 흥분한 나머지 며칠이나 잠을 이루지 못했습니다.

물론 지금은 그것이 어떤 기분이었는지 다시 떠올리기가 매우 어렵습니다. 이미 다양한 세계관에 익숙해졌기 때문입니다. 물론 또다시 새로운 세계관을 알게 된다면 흥분을 느낄지도 모르지만, 그때만큼 엄청난 감정을 느끼지는 못할 것입니다. 당시에는 처음으로 지혜의 눈이 열리고, 완전히 다른 각도에서 세계를 양손으로 움켜쥐는 느낌까지 받았으니까요.

철학과에 진학한 뒤 배운 온갖 이론과 철학자들의 다양하고 풍성한 인생 경험은 저에게 충격을 주었을 뿐 아니라 새롭게 시야를 넓혀주었고, 그때까지 맛본 적 없는 감정을 느끼게 했습니다. 이렇게 저는 철학의 세계 안에서 성장해왔습니다.

대학 2학년쯤에는 선배와 『논어』에 대해서 이야기하다가 "감동해서 눈물이 날 것 같은 문장"이라고 말했는데, 어떻게 된 일인지 그 이야기가 눈 깜짝할 사이에 퍼져나갔습니다. 선배들이 "논어에 감동하는 이상한 애는 어떤 녀석이냐"라며 저를 보러 오기까지 했습니다.

저는 '그게 그렇게 이상한가?' 하는 의문이 들었습니다. 공자를 성인聖人으로서가 아니라 피도 눈물도 있고, 정열이 넘칠 때가 있는가 하면 풀이 죽을 때도 있는 평범한 동네 아저씨라고 생각하고 『논어』를 읽으면 거기에 담긴 진심에 감동할 수밖에 없는데 말입니다. 하지만 당시에 느꼈던 감동의 세세한 부분 역시 이미 기억의 저편으로 사라지고 말았습니다.

이 책은 철학자 몇 명의 사상을 힌트 삼아서 최근 몇 년 사이에 깨달은 지식을 중심으로 집필했습니다. 처음 철학에 충격을 받았던 그 시절로 돌아갈 방법은 이제 더는 없고, 당시의 생각은 깊이가 없어서 소개할 만하지 못하다는 사실은 분명합니다. 또 이곳에 적은 내용이 그 철학자의 사상에 꼭 들어맞는 것도 아닙니다. 많든 적든 저의 개인적인 해석이 섞여 들어가 있으니 말입니다. 제가 이 책에서 소개하고 싶었던 것은 사실 그런 깨달음이기도 합니다. 저를 성장시켜준 지혜가 당신에게도 도움이 되었으면 하는 바람을 담았기 때문입니다.

이 책은 지금까지 유례가 없었던 국제적인 기획의 산물입니다. 적어도 저에게는 실로 훌륭한 도전이었습니다. 시라토리 하루히코 선생님과 저는 철학을 삶에 그대로 적용할 수 있는 책을 만들기 위해 집필 이전부터 여러 차례 토론을 거듭하였고, 각자 집필한 내용을 번역한 뒤 편집 작업을 거쳐 세상에 선보이기까지 2년의 세월이 필요했습니다. 이 모든 과정에서 겪었던 신선하고 흥미로운 경험은 앞으로도 절대 잊지 못할 것입니다.

이 특별한 기획에 참여할 기회를 주시고, 이 기획을 위해 수고하신 양국의 편집자분들께 진심으로 감사드립니다. 또 시라토리 하루히코 선생님의 가르침에 깊은 감사의 뜻을 표합니다. 우리 노력이 결실을 보아서 이 책이 많은 독자에게 도움이 되기를 빕니다.

저는 인생의 전환점에 접어들 때마다 책 속에서 살아 숨 쉬는 철학자들과 만나 그들의 사상에 감동하고 이끌림을 받았습니다. 그들이 전해주는 지혜는 언제나 제게 구원의 손길이 되어주었고, 저를 성장시켜주었지요. 당신도 꼭 그런 경험을 해보길 바랍니다.

소크라테스의 명언 가운데 "반성하지 않는 삶은 살 가치가 없다"라는 말이 있습니다. 이 책을 집어 든 당신이 세상의 어디에 있든 자신이 서 있는 자리를 계속해서 되돌아보고 자기다운 삶을 누릴 수 있기를 바랍니다.

지지엔즈

옮긴이 김지윤

가톨릭대학교 철학과 및 일본어과를 졸업했다. 세이신여자대학교에서 교환 유학 후 와세다대학교 대학원 일본어 교육학과에서 공부했다. 글밥아카데미를 수료하고 현재 바른번역 소속 번역가로 활동 중이다. 옮긴 책으로 『애착은 어떻게 아이의 인생을 바꾸는가』, 『카를 융, 인간의 이해』, 『친절한 사람이고 싶지만 호구는 싫어』, 『운을 부르는 부자의 말투』, 『민감한 나로 사는 법』, 『물 흐르듯 대화하는 기술』, 『그렇다면, 칸트를 추천합니다』, 『부자의 습관』, 『이방인』, 『여자아이는 정말 핑크를 좋아할까』 등이 있다.

철학은 어떻게 삶에 도움이 되는가

죽은 철학자의 살아있는 인생수업

초판 1쇄 발행 2020년 3월 6일
초판 3쇄 발행 2022년 11월 16일

지은이 시라토리 하루히코, 지지엔즈
옮긴이 김지윤
펴낸이 김선준

편집1팀 임나리, 이주영 **디자인** 김세민
책임마케팅 권두리 **마케팅팀** 이진규, 신동빈
홍보팀 조아란, 이은정, 김재이, 유채원, 권희, 유준상
경영관리팀 송현주, 권송이

펴낸곳 ㈜콘텐츠그룹 포레스트 **출판등록** 2021년 4월 16일 제2021-000079호
주소 서울시 영등포구 여의대로 108 파크원타워1 28층
전화 02) 332-5855 **팩스** 070) 4170-4865
홈페이지 www.forestbooks.co.kr
종이 ㈜월드페이퍼 **출력·인쇄·후가공·제본** ㈜한영

ISBN 979-11-89584-55-9 (03100)

㈜콘텐츠그룹 포레스트는 독자 여러분의 책에 관한 아이디어와 원고 투고를 기다리고 있습니다. 책 출간을 원하시는 분은 이메일 writer@forestbooks.co.kr로 간단한 개요와 취지, 연락처 등을 보내주세요. '독자의 꿈이 이뤄지는 숲, 포레스트'에서 작가의 꿈을 이루세요.